Attraktionslagen

Attraktionslagen

Så får du den att verka till din fördel

ESTHER OCH JERRY HICKS

Översättning: Birgitta Karlström

PONTO
POCKET

MIX
Papper från ansvarsfulla källor
FSC® C007584

www.pontopocket.se

ATTRAKTIONSLAGEN
Så får du den att verka till din fördel
av Esther och Jerry Hicks

Andra utgåvan, första tryckningen

Denna pocketutgåva utgiven av Ponto Pocket 2013

Originalets titel: The Law of Attraction
Översättning: Birgitta Karlström
Sättning: Gyllene Snittet
Omslag: Marie-Louise Friberg
Tryck: ScandBook AB, Falun 2014
ISBN 978 91 7475 224 3

Den här boken tillägnas alla er som, i er önskan om upplysning och välbefinnande, har ställt de frågor som boken besvarar; och våra barns fyra härliga barn, som är exempel på det som boken lär ut: Laurel (8), Kevin (5), Kate (4) och Luke (1), som ännu inte frågar, eftersom de ännu inte har glömt.

Dessa läror tillägnas särskilt Louise Hay, vars önskan att fråga om och lära sig välbefinnandets principer – och sprida dem runt jorden – har lett till att hon grundat förlaget Hay House, som har distribuerat så mycket glädje över hela världen.

Innehåll

DEL II: Attraktionslagen

DEL III: Läran om avsiktligt skapande

DEL IV: Tillåtandets konst

DEL V: Segmentföresats

Förord

av Neale Donald Walsch, författare till den bästsäljande serien *Samtal med Gud* och till *Home with God in a Life That Never Ends*

Här är det. Här är de. Du behöver inte leta längre.

Lägg ifrån dig alla andra böcker, avboka alla workshopar och seminarier och säg till din livscoach att du inte behöver ringa mer.

För här är det: allt du behöver för att lära känna livet och hur du ska få det att fungera. Här är de: alla trafikreglerna inför din makalösa resa. Alla verktygen med vilka du skapar de upplevelser du alltid har önskat dig. Du behöver inte gå längre än du just har gjort.

Ta en titt på vad du redan har åstadkommit.

Titta bara.

Jag menar, just nu, titta på vad du håller i dina händer.

Det är ditt verk. Det var du som lade boken där, där den befinner sig just nu, mitt framför dina ögon. Du fick den att manifesteras ur tomma intet. Bara det är alla bevis du behöver för att veta att den här boken fungerar.

Förstår du? Nej, nej, hoppa inte över det här. Det är viktigt att du verkligen förstår det här. Jag påstår att du i dina händer håller det bästa bevis du någonsin kan ge dig själv för att attraktionslagen är verklig, effektiv och ger fysiska resultat i den reella världen.

Låt mig förklara.

Någonstans i ditt medvetandes mörka skrymslen, någonstans på en viktig plats i ditt sinne, har du föresatt dig att ta emot det här budskapet, för annars skulle den här boken aldrig ha hittat fram till dig.

Det är ingen struntsak. Det är en stor händelse. Det är viktigt, tro mig. För du står i begrepp att skapa exakt det som du har haft för avsikt att skapa: en stor förändring i ditt liv.

Det är din avsikt, eller hur? Naturligtvis är det så. Du skulle inte läsa dessa rader om du inte hade riktat din uppmärksamhet mot en djupt liggande önskan att lyfta din vardagsupplevelse till en ny nivå. Du har velat göra det länge. Dina enda frågor har varit: Hur? Vilka är reglerna? Vilka är verktygen?

Jo, här har du dem. Du bad om dem och du fick dem. Och det är förresten den allra första regeln. Det du ber om, får du. Men det finns mer än det – mycket mer. Och det är det som den här häpnadsväckande boken handlar om. Här får du inte bara några makalösa verktyg, utan också instruktioner om hur du använder dem.

Har du någonsin önskat att det skulle finnas en instruktionsbok till livet?

Bra önskan. Nu finns den.

Det har vi Esther och Jerry Hicks att tacka för. Och, förstås, Abraham. (De berättar allt om vem det är i den fascinerande, stimulerande text som följer.) Esther och Jerry ägnar sina liv åt nöjet att dela med sig av de underbara budskap som Abraham ger dem. Jag beundrar och älskar dem omåttligt för detta och jag är så oerhört tacksam, för de är verkligt enastående människor ute på ett lovvärt uppdrag att förhöja den uppgift vi alla har ålagt oss. Att leva och uppleva det fantastiska i själva livet och i den-vi-verkligen-är.

Jag vet att du kommer att bli oerhört imponerad och rikt välsignad av det du finner här. Jag vet att läsningen av den här boken blir en vändpunkt i ditt liv. Här finns inte bara en beskrivning av den viktigaste lagen i universum (den enda du egentligen behöver känna till), utan också en lättöverskådlig förklaring till livets mekanik. Det här är information som tar andan ur en. Det här är monumentala data. Det här är lysande, blixtrande insikt.

Det finns ytterst få böcker om vilka jag kan säga det jag tänker säga om den här: Läs varje ord, och gör precis som det står i boken. Den besvarar alla de frågor du så enträget har ställt i ditt inre. Så – om jag får vara så direkt – var uppmärksam.

Den här boken handlar om hur du ska vara uppmärksam, och om du är uppmärksam på hur du är uppmärksam, kan alla dina avsikter och föresatser ta sig fysiskt uttryck i din verklighet – och det kommer att förändra ditt liv för alltid.

Inledning

av Jerry Hicks

Den praktiska andlighetens banbrytande filosofi, som du upptäcker i den här boken, avslöjades för mig och Esther första gången 1986, som svar på en mycket lång lista av frågor som jag hade saknat svar på under många år.

På dessa sidor hittar du grunderna till *Abrahams läror*, som de kärleksfullt beskrevs för oss under den allra första tiden av utbyte med dem (vänligen notera att det singulära ”Abraham” är en *grupp* av kärleksfulla väsen, och att det är därför vi omnämner dem i plural).

Inspelningarna på vilka den här boken bygger publicerades för första gången 1988, som en av tio kassettinspelningar under namnet *Special Subjects*. Men sedan dess har många inslag i Abrahams grundläggande läror om den universella attraktionslagen publicerats i olika former: som böcker, cd-skivor, dvd-filmer, kortlekar, kalendrar, artiklar, radio- och tv-program och seminarier. Dessutom har många andra författare införlivat Abrahams läror i sina texter. Men före den här boken, *Attraktionslagen*, har denna ursprungliga lära aldrig samlats i en enda volym.

(Skulle du vilja lyssna på en av originalinspelningarna från serien kan du ladda ner vår 70 minuter långa *Introduction to Abraham* gratis från vår webbplats: **www.abraham-hicks.com.**)

Den här boken är en transkribering av vår ursprungliga uppsättning ”Abraham-grunder” om fem cd-skivor, som vi bett Abraham att redigera något för att göra det talade ordet mer läsvänligt. Abraham har också lagt till flera nya stycken för att förtydliga och ge ett bättre sammanhang.

Miljontals läsare, åhörare och åskådare har fått ta del av dessa lärors stora värde. Och Esther och jag är lyckliga över att kunna erbjuda grunderna för Abrahams läror i detta format: *Attraktionslagen*.

Men hur förhåller sig den här boken till Abrahams *Be så ska du få*? Jo, tänk på *Attraktionslagen* som den grundbok från vilken alla de andra lärorna har härletts. Och betrakta *Be så ska du få* som den mest lättfattliga sammanfattningen av de första tjugo åren med Abrahams läror.

För mig och Esther har det varit en underbar upplevelse att inför publiceringen av den här boken gå tillbaka till detta omvälvande material. Vi har blivit påminda om de grundläggande och enkla lagar som Abraham så effektivt förklarade för oss för så många år sedan.

Sedan vi tog emot det här materialet för första gången har Esther och jag gjort vårt bästa för att tillämpa det vi har lärt oss om dessa lagar på vårt eget liv, och den makalösa utvecklingen hos vår glädjefyllda tillvaro är häpnadsväckande. Vi tog Abraham på deras ord eftersom allt de berättade för oss verkade vettigt, men nu har vi dessutom tillämpat lärorna i vår vardag. Och det är med utomordentlig glädje som vi – utifrån vår egen, personliga erfarenhet – kan säga: Det här fungerar!

(**Redaktörens anmärkning:** Var vänlig och notera att eftersom det inte alltid finns ord som perfekt uttrycker den icke-fysiska tanke som Esther tar emot bildar hon ibland, för att uttrycka nya sätt att se på livet, nya kombinationer av ord eller använder vanliga ord på nya sätt.)

DEL I

Vår väg till Abraham-upplevelsen

Introduktion

av Jerry Hicks

Vi har skrivit den här boken för att presentera universella lagar och praktiska processer som tydligt och exakt kan ledsaga er till insikt om det naturliga tillståndet av välbefinnande. Ni som läser den här boken kan se fram emot den unika och givande upplevelse det innebär att få exakta och kraftfulla svar på frågor som jag har samlat under en hel livstid av undringar. Och om ni lyckas tillämpa den här glädjebaserade andligheten kan ni också hjälpa andra att leva det de skulle betrakta som ett perfekt liv.

Många människor har antytt att mina frågor på många sätt speglar deras egna. När du får uppleva tydligheten och intelligensen i Abrahams svar kommer du förmodligen att känna äkta tillfredsställelse över att så många frågor får sitt svar, men också en nyfunnen entusiasm över ditt eget liv (precis som Esther och jag har gjort). Och när du, utifrån din nya syn på tillvaron, tillämpar de praktiska processer som beskrivs här, kommer du att upptäcka att du medvetet kan skapa vad som helst som du vill göra, bli eller få.

Så långt tillbaka jag kan minnas tycks det mig som om mitt liv har gett upphov till en aldrig sinande ström av frågor, som jag inte kunde hitta tillfredsställande svar på, för jag ville verkligen upptäcka en livsfilosofi som grundade sig på absolut sanning. Men när Abraham kom in i vår erfarenhet – och gav Esther och mig sin förklaring av universums mäktiga lagar, tillsammans med effektiva processer som hjälpte oss att omsätta ideologi och teori i praktiska resultat – kom jag att inse att den strida ström av böcker, lärare och livserfarenheter som jag mött längs vägen utgjort de perfekta förberedelserna inför mötet med Abraham.

Det gläder mig att tänka på vilka möjligheter du får att själv upptäcka värdet i det Abraham erbjuder, nu när du läser den här boken; för jag vet ju i hur hög grad de har höjt vår upplevelse av livet. Jag är också medveten om att du inte skulle hålla den här boken i dina händer om inte dina erfarenheter hade förberett dig (som mina förberett mig) för att ta emot informationen i den.

Jag känner stor iver när jag tänker på att du står i begrepp att dyka ner i boken och upptäcka de enkla, men mäktiga lagar och praktiska processer som Abraham erbjuder, så att du medvetet kan börja attrahera allt det du önskar dig i ditt liv och befria dig från allt det du inte vill ha kvar.

En stadig ström av religiösa grupper

Mina föräldrar var inte religiösa, så jag förstår inte riktigt varför jag kände en så stark drift att hitta en kyrka och engagera mig i dess religionsutövning, men det var en stark kraft inom mig under min uppväxt. Kanske var det ett försök att fylla det ytterst påtagliga tomrum jag kände djupt inombords, eller kanske berodde det på att så många andra i min omgivning demonstrerade sin religiösa nit och visshet om att de hade upptäckt *sanningen*.

Under mina första fjorton år bodde jag på arton platser i sex delstater, så jag fick tillfälle att utvärdera en stor mängd filosofier. I vilket fall som helst marscherade jag systematiskt in i kyrka efter kyrka, varje gång i hopp om att jag innanför de här dörrarna skulle hitta det jag sökte. Men i takt med att jag gick från en religiös eller filosofisk grupp till nästa växte min besvikelse. Alla förklarade hur rätt just de hade, samtidigt som de förkunnade att alla de andra hade fel. I en sådan miljö, där mitt hopp grusades om och om igen, insåg jag att jag inte hade hittat svaren jag sökte. (Det är först sedan jag upptäckt

Abrahams läror som jag har kommit att förstå, och inte längre känna negativa känslor för, de där uppenbara filosofiska motsägelserna.) Så mitt sökande fortsatte.

Ett ouija-bräde bokstaverar

Trots att jag inte hade någon personlig erfarenhet av ouija-bräden, hade jag bestämda åsikter om dem. Jag trodde att det i bästa fall var en lek och i sämsta fall en direkt bluff. Så när några av mina vänner i Spokane, Washington, år 1959 föreslog att vi skulle prova brädet, avfärdade jag idén som löjlig. Men eftersom de stod på sig, och följaktligen gav mig min första faktiska erfarenhet av det, kunde jag själv se vilket fenomen det var.

Eftersom jag fortfarande sökte efter svar på alla frågor jag samlat på mig genom livet, frågade jag brädet: ”Hur kan jag bli god på riktigt?” Först bokstaverade det alfabetet i dramatisk hastighet och sedan pekade det i tur och ordning på L-Ä-S.

”Läs vadå?” frågade jag. Det stavade till B-Ö-C-K-E-R. När jag frågade, ”Vilka böcker?”, stavade det (med samma dramatiska hastighet som i början): A L L A O C H V I L K E N S O M H E L S T A V A L B E R T S C H W E I T Z E R. Mina vänner hade aldrig hört talas om Albert Schweitzer och själv visste jag ytterst lite om honom, men min nyfikenhet var väckt, milt sagt. Jag bestämde mig för att ta reda på mer om den här mannen, som just hade tagit klivet in i min medvetna uppmärksamhet på det här anmärkningsvärda sättet.

I det första bibliotek jag kunde hitta upptäckte jag ett stort urval böcker skrivna av Albert Schweitzer, och jag läste dem systematiskt, allihop. Även om jag inte kan påstå att jag upptäckte några specifika svar på frågorna som fanns på min långa lista, öppnade Schweitzers bok *Jesu liv i forskningens ljus* mig för insikten om att det finns många fler sätt att se på saker och ting än jag tidigare hade varit villig att medge.

Min entusiasm för det jag hade hoppats skulle leda till upplysning och svar på alla mina frågor dämpades till slut, eftersom jag vare sig fann upplysning eller svar på mina frågor från ouija-brädet, men jag hade sannerligen vaknat för insikten om att det fanns en möjlighet till intelligent kommunikation som jag aldrig hade trott var möjlig förrän jag själv upplevt den.

Ouija-brädet fungerade inte alls för mig när jag provade det på egen hand, men jag använde det på hundratals människor under mina resor som underhållare, och jag hittade tre personer som hade framgång med det. Tillsammans med några vänner i Portland, Oregon (som brädet fungerade för), "pratade" vi i hundratals timmar med vad vi trodde var icke-fysiska väsen. Vilken underhållande parad av pirater, präster, politiker och rabbiner vi mötte! Det var ungefär som att föra fängslande samtal på en fest, där man kan träffa personer med vitt skilda prioriteringar, attityder och intellekt.

Jag måste medge att jag inte lärde mig något av det där brädet som var av värde för mig i mitt eget liv – eller som jag ville lära ut till någon annan – så en dag kastade jag helt enkelt bort det. Det blev slutet på mitt intresse för och mitt användande av ouija-brädet. Men den här anmärkningsvärda upplevelsen – i synnerhet med intelligensen som uppmuntrade mig att läsa böcker – gav mig inte bara en förståelse för att det fanns mycket mer "därute" än jag för närvarande kunde förstå, utan provocerade fram en ännu starkare önskan att finna svar. Jag kom att tro att det var möjligt att koppla in sig till en intelligens som hade praktiska svar på frågor om hur universum fungerar, om varför vi är här, om hur vi kan leva lyckligare liv och om hur vi kan uppfylla våra livsändamål.

Tänk rätt, bli framgångsrik!

Den kanske första erfarenheten av att faktiskt hitta praktiska svar på min växande lista av frågor, fick jag när jag, under en konsertturné till en rad colleges och universitet år 1965, upptäckte en fascinerande bok. Boken låg på ett soffbord i lobbyn på ett litet motell någonstans i Montana och jag minns att en motsägelse formulerades inom mig när jag tog upp den och läste titeln: *Think and Grow Rich! (Tänk rätt, bli framgångsrik!)* av Napoleon Hill.

Jag tyckte att titeln var frånstötande, för som så många andra hade jag fått lära mig att förklara mina negativa intryck av framgångsrika personer med ett rättfärdigande av min egen avsaknad av lättköpta rikedomar. Men det fanns något odiskutabelt lockande med den här boken, och när jag hade kommit tolv sidor in i den hade jag gåshud över hela kroppen och kände rysningar längs ryggraden.

Numera förstår vi att sådana fysiska, instinktiva förnimmelser är bekräftelser på att vi befinner oss längs vägen mot något av oerhört stort värde, men redan då kände jag att den här boken väckte en vetskap inom mig om att mina tankar är viktiga, att mitt liv på något sätt avspeglar innehållet i mina tankar. Boken var fängslande och intressant, och den inspirerade mig att försöka följa de förslag den erbjöd – och det gjorde jag.

Tillämpningen av dessa tekniker fungerade så väl för mig att jag på kort tid lyckades bygga upp ett multinationellt företag som gav mig möjlighet att påverka tusentals människors liv på ett meningsfullt sätt. Jag började till och med lära ut principerna jag lärt mig till andra. Men trots att jag personligen hade funnit oerhört stort värde i Napoleon Hills omvälvande bok, förbättrades livet för många av dem som jag undervisade inte alls lika dramatiskt som mitt, hur många kurser de än gick. Så mitt sökande efter mer specifika svar fortsatte.

Seth talar om att skapa sin verklighet

Medan jag fortsatte mitt livslånga sökande efter meningsfulla svar på mina frågor, och kände en större önskan om att hitta mer effektiva sätt att hjälpa andra att nå sina mål än någonsin förr, distraherades jag tillfälligt av det nya liv som Esther och jag höll på att skapa åt oss i Phoenix, Arizona. Vi gifte oss 1980, efter att ha känt varandra i några år, och vi fann att vi passade oförklarligt väl ihop. Vi kände glädje den ena underbara dagen efter den andra, vi gjorde utfärder i vår nya stad, vi byggde vårt nya hem och vi utforskade vårt gemensamma liv. Esther delade inte direkt min kunskapstörst eller min hunger efter svar, men hon hade stor aptit på livet, var alltid glad och var en underbar person att vara tillsammans med.

En dag när vi satt på ett bibliotek, fick jag syn på en bok med titeln *Seth Speaks* av Jane Roberts, och det var som om håret ställde sig på ända och jag fick gåshud över hela kroppen innan jag ens fått ner boken från hyllan. Jag bläddrade igenom sidorna och undrade vad den kunde innehålla som väckte så starka känslor hos mig.

Under den tid som Esther och jag varit tillsammans hade jag upptäckt en enda tvistefråga mellan oss: Hon ville inte höra talas om mina erfarenheter av ouija-brädet. Varje gång jag började med en (i mitt tycke) roande redogörelse för dem, lämnade Esther rummet. Under sin barndom hade hon lärt sig att frukta allt som inte var fysiskt konkret, och eftersom jag inte ville oroa henne slutade jag att berätta de där historierna, åtminstone när hon var med. Därför blev jag knappast förvånad när Esther inte ville höra någonting om boken *Seth Speaks* heller …

Författaren Jane Roberts försatte sig i något slags trans och lät Seth, en icke-fysisk personlighet, tala genom sig och på så sätt diktera en rad ytterst inflytelserika Sethböcker. Jag fann texten både stimulerande och fascinerande och började ana ett sätt att finna svar på några av mina frågor. Men Esther var rädd för boken. Hennes obehag steg upp till ytan så snart hon hörde på vilket sätt boken hade kommit till, och förvärrades kraftigt då hon fick syn på bilden på bokens baksida som föreställde Jane, i trans, som talade för Seth.

”Du kan läsa boken om du vill”, sa Esther till mig. ”Men ta inte med den in i vårt sovrum, är du snäll.”

Jag har alltid trott på att döma trädet efter dess frukt, så jag bedömer allt utifrån hur jag känner för det … och det fanns väldigt mycket i materialet från Seth som kändes rätt för mig. Det spelade därför ingen roll för mig varifrån det kom eller hur det presenterades. I allt väsentligt kände jag att jag hade hittat värdefull information som jag kunde använda – och som jag kunde förmedla till andra som jag trodde skulle kunna använda sig av det. Jag var entusiastisk!

Min rädsla försvann

av Esther Hicks

Jag tyckte att det var både förnuftigt och snällt av Jerry att inte tvinga på mig Sethböckerna, för jag kände verkligen en stark aversion mot dem. Blotta tanken på att en person stod i kontakt med ett icke-fysiskt väsen gjorde mig oerhört illa till mods, så eftersom Jerry inte ville oroa mig gick han upp tidigt på morgonen och läste de där böckerna medan jag fortfarande sov. När han hittade något som var särskilt intressant, flikade han försiktigt in det i ett samtal, och i mitt mindre motspänstiga tillstånd uppfattade jag ofta värdet i tanken. Lite i taget introducerade Jerry nya begrepp, tills jag började känna ett genuint intresse för de där fantastiska böckerna. Med tiden blev det vår morgonritual att vi satte oss tillsammans och Jerry läste högt för mig ur Sethböckerna.

Min rädsla grundades inte på någon personlig negativ upplevelse, utan på sådant jag hade snappat upp, förmodligen från andra som också hade hört det i andra hand. När jag nu ser tillbaka känns det fullständigt ologiskt att jag var så rädd. I alla händelser upplevde jag en verklig attitydförändring när jag märkte att texterna, för min egen personliga del, kändes mycket bra.

Allt eftersom tiden gick och min rädsla för processen genom vilken Jane tog emot information från Seth lade sig, började jag uppskatta de där underbara böckerna oerhört mycket. Faktum är att vi var så lyckligt uppslukade av det vi läste att vi tänkte resa till New

York för att träffa Jane och hennes make, Robert – och till och med Seth! Så långt hade jag alltså kommit att jag faktiskt ville träffa detta icke-fysiska väsen. Men författarna hade hemligt telefonnummer, så vi visste inte hur vi skulle gå till väga för att få ett möte till stånd.

En dag då vi åt lunch på ett litet kafé intill enboklåda i Scottsdale, Arizona, och Jerry satt och bläddrade i en ny bok han hade köpt, frågade en främmande man som satt i närheten: ”Har ni läst någon av Sethböckerna?”

Vi trodde knappt våra öron, för vi hade inte berättat för en enda människa att vi hade läst de där böckerna. Sedan frågade mannen: ”Visste ni att Jane Roberts har dött?”

Jag minns att mina ögon fylldes av tårar när orden drabbade mig. Det var som om någon hade berättat för mig att min syster hade dött och jag inte hade vetat något. Det var chockartat. Vi blev djupt besvikna när vi insåg att det inte fanns något sätt för oss att träffa Jane och Rob … eller Seth.

Sheila ”kanaliserar” Theo

Bara en dag eller så efter det att vi fått höra att Jane var död, åt vi middag tillsammans med våra vänner och affärsbekanta Nancy och hennes make Wes. ”Vi har ett band som vi vill att ni ska lyssna på”, sa Nancy, och tryckte ett kassettband i handen på mig. Våra vänner uppträdde lite märkligt, tyckte jag. Jag upplevde i själva verket samma känsla med dem som jag hade gjort när Jerry upptäckte Sethböckerna. Det var som om de hade en hemlighet som de ville dela med oss, men var oroliga för hur vi skulle reagera på den.

”Vad är det?” frågade vi.

”Det är kanaliserat”, viskade Nancy.

Jag tror inte att vare sig Jerry eller jag någonsin hade hört ordet *kanaliserat* i ett sådant sammanhang. ”Vad menar du med ’kanaliserat’?” frågade jag.

Då Nancy och Wes gav sin korta och ganska osammanhängande förklaring insåg både Jerry och jag att de beskrev samma process som hade gett upphov till böckerna om Seth. ”Hon heter Sheila”, fortsatte de. ”Och hon talar för ett väsen som heter Theo. Hon kommer till Phoenix och man kan beställa tid och få tala med henne, om man vill.”

Vi bestämde oss för att boka in ett möte och jag minns fortfarande hur förväntansfulla vi var. Vi träffades i ett vackert hus (ritat av Frank Lloyd Wright) i Phoenix. Det var mitt på ljusa dagen och till min lättnad hände ingenting som var ens det minsta kusligt. Allting kändes mycket behagligt och trevligt. Under vårt ”möte” med Theo (jag borde snarare säga Jerrys möte med Theo – jag tror inte att jag sa ett ord under hela tiden), blev jag överförtjust!

Jerry hade med sig en anteckningsbok full med frågor, sådana han sa att han hade samlat på sig sedan han var sex år gammal. Han var oerhört entusiastisk och ställde fråga efter fråga. Ibland avbröt han mitt i ett svar för att kunna klämma in en fråga till innan vår tid var ute. Halvtimmen rusade iväg och vi tyckte att det var underbart!

”Kan vi komma tillbaka i morgon?” frågade jag, för nu höll jag på att formulera en lista med frågor som *jag* ville ställa till Theo.

Borde jag meditera?

När vi kom tillbaka nästa dag frågade jag Theo (genom Sheila) vad vi kunde göra för att snabbare nå våra mål. Theo sa: *Affirmationer*, och gav mig en underbar sådan: *Jag, Esther Hicks, ser och drar till mig, genom gudomlig kärlek, de väsen som söker upplysning genom min process. Utbytet kommer att höja oss båda.*

Jerry och jag kände till affirmationer; vi använde dem redan. Sedan frågade jag: ”Vad kan jag mer göra?” Theo svarade: *Meditera*. Jag kände själv inte någon som mediterade och hela tanken på det kändes konstig. Det var inte något som jag kunde se mig själv göra. Jerry sa att han associerade det med människor som ville se hur illa ställt det kunde bli i deras liv – hur mycket smärta eller fattigdom de kunde ta och ända överleva. I mitt huvud hörde meditation hemma i samma udda kategori som att gå över glödande kol, ligga på en spikmatta eller stå på ena benet en hel dag och be om allmosor.

Men sedan frågade jag Theo: ”Vad menar du med 'meditera'?”

Theo svarade: *Sitt i ett tyst rum, klädd i bekväma kläder och fokusera på din andning under femton minuter varje dag. När tankarna börjar vandra, som de kommer att göra, släpper du bara iväg dem och koncentrerar dig på andningen på nytt.* Jag tänkte: *Det låter inte så väldigt knäppt.*

Jag frågade om vi skulle ta med oss vår fjortonåriga dotter, Tracy, för att träffa Theo och svaret blev: *Om hon ber om det, men det är inte nödvändigt – för ni är också kanaler.* Jag minns hur osannolikt det verkade att vi inte redan skulle vara medvetna om något så märkligt som att vara en kanal – eller något så betydelsefullt. Sedan knäpptes bandspelaren av som ett tecken på att tiden, återigen, var ute.

Jag kunde inte fatta att tiden hade gått så fort. Jag satt kvar och såg ner på min lista med obesvarade frågor. Stevie, Sheilas vän som skötte bandspelaren och antecknade under vårt samtal med Theo, lade kanske märke till min lätta frustration, för han frågade: ”Har du någon sista fråga? Vill du kanske veta namnet på din andliga vägledare?”

Det var inte något som jag själv skulle ha kommit på att fråga, för jag hade aldrig hört termen *andlig vägledare*. Men jag tyckte det lät bra, så jag sa: ”Ja, vem är min andliga vägledare?”

Theo svarade: *Vi har fått veta att namnet ges direkt till dig. Du får en kläraudient upplevelse, och då får du veta.*

När vi lämnade det vackra huset den dagen mådde vi bättre än vi kunde minnas att vi gjort någonsin förr. Theo hade uppmuntrat oss att meditera tillsammans. *Eftersom ni är kompatibla ger det större effekt.* Så vi följde Theos råd, åkte raka vägen hem, satte på oss våra badrockar (de bekvämaste kläder vi hade) drog för gardinerna i vardagsrummet och slog oss ner i avsikt att meditera (vad nu det betydde). Jag minns att jag tänkte: *Jag ska meditera en kvart varje dag och jag ska ta reda på namnet på min andliga vägledare.* Det kändes lite konstigt för Jerry och mig att göra något så udda tillsammans, så vi satte oss i varsin stor öronlappsfåtölj med en hylla mellan oss, så att vi inte kunde se varandra.

Något började "andas" mig

Theos instruktioner om meditationsprocessen hade varit mycket kortfattade: *Sätt dig i ett tyst rum, iklädd bekväma kläder, och fokusera på din andning under femton minuter varje dag. När tankarna vandrar, som de kommer att göra, släpper du bara det som dyker upp och koncentrerar dig på andningen på nytt.*

Vi satte alltså en klocka på femton minuter och jag lutade mig tillbaka i min stora, sköna fåtölj och fokuserade på andningen. Jag började räkna mina andetag, in och ut. Nästan genast kände jag en sorts domning sprida sig i kroppen. Det var en mycket behaglig känsla. Jag gillade den.

Klockan tjöt och skrämde mig. När jag fått tillbaka medvetenheten om Jerry och om rummet utbrast jag: "Vi gör det igen!" Vi satte klockan på femton minuter till och återigen fick jag den underbara känslan av bortkoppling, eller domning. Den här gången kunde jag inte känna stolen under mig. Det var som om jag svävade i rummet och ingenting annat fanns där.

Så vi satte klockan på ytterligare 15 minuter och återigen sjönk jag ner i den här nya ljuvliga känslan av domning – och så fick jag en otrolig känsla av att bli "andad". Det var som om något starkt och kärleksfullt andades in luften i mina lungor och sedan pressade ut den igen. Jag förstår nu att det här var min första, kraftfulla kontakt med Abraham, men vid den tidpunkten visste jag bara att något som var mer kärleksfullt än vad jag någonsin upplevt tidigare flödade genom min kropp. Jerry sa att han hade hört ljudet av min andhämtning förändras och tittat runt hyllan på mig. Han hade tyckt att det såg ut som om jag befann mig i ett tillstånd av extas.

När klockan ljöd och jag började återfå medvetandet om min omgivning, hade jag kvar känslan av en energi som rörde sig genom mig, olikt allt annat jag känt förut. Det var mitt livs mest anmärkningsvärda upplevelse och mina tänder surrade (inte hackade) i flera minuter efteråt.

Det var en fantastisk rad händelser som hade lett fram till det här, fortfarande ganska otroliga, mötet med Abraham: Den irrationella rädsla som jag hade burit med mig i hela mitt liv, som inte hade någon faktisk grund i min egen erfarenhet, hade försvunnit och ersatts med ett fantastiskt kärleksfullt och personligt möte med källenergi. Jag hade aldrig läst något som gett mig någon förståelse för vad eller vem Gud var, men jag visste att det jag hade upplevt måste vara just Gud.

Min näsa skriver alfabetet

På grund av den starka och emotionella upplevelsen under vårt allra första försök, bestämde vi oss för att avsätta femton till tjugo minuter varje dag åt meditation. Så, i uppskattningsvis nio månader, satt Jerry och jag i våra öronlappsfåtöljer, andades under tystnad och kände välbefinnande. Men så, under ett meditationspass strax före Thanksgiving 1985, upplevde jag något nytt: Mitt huvud började röra sig mycket lätt. I mitt domnade tillstånd var det en behaglig känsla att uppleva den där svaga rörelsen. Det var nästan som en känsla av att flyga.

Jag tänkte inte särskilt mycket på det till en början, förutom att jag visste att det inte var *jag* som gjorde det och att det kändes ytterst behagligt. Huvudet rörde sig så varje gång jag mediterade under ett par dagar, och på den tredje dagen insåg jag att det inte var några meningslösa rörelser – jag formade faktiskt bokstäver med näsan, som om den skrev på en svart tavla. Jag utbrast häpet: ”Jerry, jag skriver alfabetet med näsan!”

Med den medvetna insikten om att något fantastiskt höll på att hända, att någon försökte kommunicera med mig, började intensiva rysningar löpa i vågor genom hela min kropp. Aldrig tidigare, eller senare, har jag upplevt så intensivt underbara, överlyckliga känslosvall. Sedan skrev de: *Jag är Abraham. Jag är din andliga vägledare. Jag älskar dig. Jag är här för att arbeta ihop med dig.*

Jerry tog fram sin anteckningsbok och började skriva ner allt det som jag tafatt översatte med min näsa. Bokstav för bokstav började Abraham svara på Jerrys frågor, ibland i timmar i taget. Vi var oerhört entusiastiska över att ha fått kontakt med Abraham på det här sättet!

Abraham skriver skrivmaskin

Det var ett ganska långsamt och klumpigt sätt att kommunicera, men Jerry fick svar på sina frågor och upplevelsen var fullständigt hisnande för oss båda. Så under cirka två månaders tid ställde Jerry frågor och Abraham svarade genom att styra mitt huvud så att jag bokstaverade ord med min näsa. Jerry skrev ner allting. En kväll när vi låg i sängen började min hand plötsligt att trumma mjukt mot Jerrys bröst. Det förvånade mig och jag förklarade för honom: "Det där är inte jag. Det måste vara de." Sedan kände jag en stark impuls att skriva maskin.

Jag gick fram till min skrivmaskin och höll händerna över tangenterna, och på samma sätt som huvudet ofrivilligt hade format bokstäver i luften med min näsa började händerna röra sig över tangenterna på min skrivmaskin. De rörde sig så snabbt och med sådan kraft att Jerry tyckte att det var otäckt. Han stod bredvid, beredd att gripa tag i mina händer om det behövdes, för han ville inte att jag skulle göra mig illa. Han sa att de rörde sig så snabbt att han knappt kunde se dem. Men det fanns ingenting att vara rädd för.

Mina fingrar rörde vid varje tangent, många, många gånger, innan de började skriva bokstäverna i alfabetisk ordning och sedan övergick till att skriva nästan en hel sida med: **jagvillskrivamaskinjagvillskrivamaskin**, utan några stora bokstäver eller mellanslag mellan orden. Sedan började fingrarna att, långsamt och metodiskt, skriva ner ett meddelande i vilket jag ombads att sätta mig vid skrivmaskinen femton minuter varje dag. Och det blev vårt kommunikationssätt under de följande två månaderna.

Från maskinskriverska till högtalare

En dag körde vi längs motorvägen i vår lilla Cadillac Seville, med en långtradare på vardera sidan om oss. Just det avsnittet av motorvägen verkade inte vara rätt doserat, för när vi alla tre samtidigt körde in i en lång kurva tycktes båda långtradarna skära in på vårt körfält. Det såg ut som om vi skulle krossas mellan de båda stora fordonen. Mitt under det här intensivt känslosamma ögonblicket började Abraham tala. Jag kände käkarna spännas (ungefär som inför en gäspning) och sedan formade min mun ofrivilligt dessa ord: *Ta nästa avfart*. Det gjorde vi. Vi stannade under närmaste vägbro och Jerry pratade med Abraham i flera timmar. Det var mycket spännande!

Trots att jag för var dag som gick kände mig mer bekväm med hur processen att tolka Abraham utvecklades, bad jag Jerry att låta det här vara vår hemlighet, för jag var rädd för hur andra skulle reagera om de fick veta vad som hände mig. Med tiden började emellertid en handfull nära vänner samlas för att samtala med Abraham, och ungefär ett år senare bestämde vi oss för att sprida lärorna till allmänheten, vilket vi fortfarande håller på med.

Min upplevelse att tolka Abrahams vibration fortsätter att utvecklas för var dag som går. Vid varje seminarium förundras Jerry och jag över deras (Abrahams) klarhet, visdom och kärlek.

En dag skrattade jag högt åt den här insikten: ”Jag var livrädd för tanken på ouija-brädet, och nu är jag ett själv.”

Den fantastiska upplevelsen utvecklas

Vi lyckas aldrig hitta några lämpliga ord för att uttrycka det vi känner för vårt arbete med Abraham. Jerry tycks alltid ha vetat vad han ville och hade hittat sätt att uppnå mycket av det redan före mötet med Abraham. Men han har sagt att Abraham har fått honom att förstå och bli medveten om vårt syfte här, och gett honom en absolut insikt i hur vi får det vi får, eller inte, och med det, en vetskap om att vi har fullständig kontroll. Det finns inga ”svackor”, inga ”otursdagar” och inget behov av att följa med i de toppar och dalar som andra ger upphov till. Och vi är fria ... vi är de absoluta skaparna av vår egen upplevelse – och vi älskar det!

Abraham har förklarat att min make och jag var det perfekta paret för att presentera dessa läror, eftersom Jerrys starka önskan att finna svar på sina frågor kallade till sig Abraham medan jag lyckades tysta mitt sinne och släppa allt motstånd så att svaren kunde träda fram.

Numera går det mycket snabbt att låta Abraham ta till orda genom mig. Som jag uppfattar det lägger jag bara fram avsikten: ”Abraham, jag vill uttala dina ord”, och sedan fokuserar jag på min andning. Inom några sekunder känner jag hur Abrahams klarhet, kärlek och kraft stiger upp inom mig, och sedan bär det iväg ...

Ett samtal med Abraham

av Jerry Hicks

För mig är det här äventyret med Abraham som talar genom Esther, fortfarande oerhört spännande, för jag har upptäckt en aldrig sinande källa med svar på det till synes oändliga antal frågor som mina egna upplevelser ger upphov till.

De första månaderna efter mötet med Abraham avsatte Esther och jag tid varje dag för att tala med Abraham och jag började gå igenom min lista med frågor, som ständigt fylldes på. Med tiden, i takt med att Esther kände sig mer avslappnad inför tanken att vara den som kunde stilla sina tankar och tillåta den här oändliga intelligensen att flöda genom sig, utökade vi successivt den krets av vänner och kollegor som samlades för att diskutera livets detaljer med Abraham.

Redan tidigt i vår gemensamma erfarenhet presenterade jag min lista med brännande frågor för Abraham. Jag hoppas att deras svar på mina tidiga frågor också kan vara tillfredsställande för dig. Sedan den avgörande stunden då jag började ansätta Abraham med mina frågor, har vi mött tusentals människor som har fördjupat samtalet och bidragit med sina egna viktiga frågor, på vilka Abraham har svarat med kärlek och insikt. Men så här inledde jag utbytet med Abraham.

(Jag har ingen möjlighet att förstå hur det egentligen går till när Esther låter Abraham tala genom sig. Som jag ser det sluter hon bara ögonen, tar några mycket djupa, lätta andetag. Hennes huvud nickar ett par gånger och sedan öppnar hon ögonen och Abraham tilltalar mig direkt, som följer.)

Vi (Abraham) beskriver oss själva som lärare

Abraham: Godmorgon! Det är trevligt att få tillfälle att hälsa på. Vi är tacksamma mot Esther för att hon tillåter den här kommunikationen och mot dig för att du så enträget ber om den. Vi har funderat över det stora värdet med det här utbytet, eftersom vi nu ska presentera oss för våra fysiska vänner. Men i ännu högre grad än att presentera Abraham för er fysiska värld, kommer den här boken att presentera det icke-fysiskas roll i er fysiska värld, för dessa världar är oupplösligt knutna till varandra. Det går inte att skilja den ena från den andra.

I och med att boken blir till infriar vi också ett löfte som vi avgav långt innan ni trädde in i era fysiska kroppar. Vi, Abraham, gick med på att stanna kvar här, fokuserade i det större, klarare och därför mer kraftfulla icke-fysiska perspektivet, medan ni, Jerry och Esther, gick med på att träda in i era magnifika fysiska kroppar och in i tankens och skapelsens frontlinje. Och när era livserfarenheter hade gett upphov till en klar och tydlig önskan inom er, var det vår överenskommelse att vi skulle sammanstråla i syfte att utöva ett kraftfullt samskapande.

Jerry, vi vill ivrigt besvara din långa lista med frågor (så medvetet förberedd och finslipad tack vare kontrasterna i din livserfarenhet), för det finns så mycket vi vill förmedla till våra fysiska vänner. Vi vill att ni ska förstå det storslagna i ert väsen och vi vill att ni ska förstå den-ni-verkligen-är och varför ni har trätt in i den fysiska dimensionen.

Det är alltid intressant att förklara för våra fysiska vänner sådant som är av icke-fysisk natur, för allt det vi förmedlar måste ni tolka genom er fysiska världs lins. Med andra ord tar Esther emot våra tankar likt radiosignaler, på en omedveten nivå av sitt väsen, och översätter dem sedan till fysiska ord och begrepp. Det som äger rum här är en perfekt sammansmältning av det fysiska och det icke-fysiska.

Allt eftersom vi hjälper er att förstå existensen i den icke-fysiska värld varifrån vi talar, kan vi hjälpa er att bättre förstå den-ni-är. För ni är, i sanning, en förlängning av det vi är.

Vi är många här och vi har samlats därför att våra intentioner och önskningar för närvarande överensstämmer med varandra. I er fysiska miljö kallas vi Abraham, och vi beskrivs som lärare, vilket betyder att vi är de som just nu har en större förståelse och kan leda andra till samma större förståelse. Vi vet att det inte är ord som undervisar, utan erfarenheter, men kombinationen av erfarenheter och definierande och förklarande ord kan förstärka inlärningen – och det är i den andan vi erbjuder dem.

Det finns universella lagar som påverkar allting i universum – både allt icke-fysiskt och allt fysiskt. Dessa lagar är absoluta, eviga och finns närvarande överallt. När du har blivit medvetet uppmärksam på dessa lagar och fått en fungerande förståelse för dem, förstärks din upplevelse av livet kraftigt. Faktum är att det är först när du har en medveten, fungerande kunskap om dessa lagar som du avsiktligt kan skapa ditt eget liv.

Du har ett *inre väsen*

Samtidigt som du är det fysiska väsen som du ser här i din fysiska inramning, är du mycket mer än det du ser med dina fysiska ögon. Du är i själva verket en förlängning av icke-fysisk Källenergi. Med andra ord är ditt mer omfattande, äldre, klokare icke-fysiska jag nu fokuserat i det fysiska väsen som du känner som dig själv. Vi refererar till den icke-fysiska delen av dig som ditt *inre väsen*.

Fysiska väsen tänker ofta på sig själva som antingen döda eller levande, och enligt det sättet att tänka kan de ibland medge att de existerade i den icke-fysiska världen innan de trädde in i sin fysiska kropp, och att de, efter sin fysiska död, kommer att återvända till den icke-fysiska världen. Men få människor förstår att deras icke-fysiska del för närvarande och till största delen är kraftfullt fokuserad i den icke-fysiska världen, medan en del av dess perspektiv flödar in i det fysiska perspektivet och deras nu fysiska kropp.

Det är väsentligt att ni förstår båda dessa perspektiv och deras förhållande till varandra för att ni ska få en verklig förståelse för den ni är och för vad ni avsåg när ni trädde in i er fysiska kropp. En del kallar den icke-fysiska delen för sitt "högre jag" eller sin "själ". Det spelar ingen roll vad ni kallar det, men det är av stort värde för er att medge att ett inre väsen existerar, för först när ni medvetet förstår förhållandet mellan er själv och ert inre väsen får ni verklig vägledning.

Vi vill inte förändra era övertygelser

Vi träder inte fram för att förändra era övertygelser, utan för att hjälpa er att återknyta bekantskapen med universums eviga lagar, så att ni medvetet kan bli de skapare ni har kommit hit för att bli. För ingen annan placerar något av det ni får uppleva i er livserfarenhet – ni gör allting själva.

Vi träder inte fram för att få er att tro på något speciellt, för det finns ingenting i era uppfattningar som vi vill ta ifrån er. När vi betraktar det här förunderliga fysiska jordeplanet ser vi stor variation i er tro och era övertygelser – och i all den variationen finns en perfekt balans.

Vi vill presentera dessa universella lagar i ett enkelt format. Och vi erbjuder också praktiska processer genom vilka ni medvetet kan utnyttja lagarna för att uppnå det som är viktigt för er. Och trots att vi vet att ni kommer att njuta av den kreativa kontroll ni märker att ni har över ert eget liv, vet vi att det största värdet ligger i den frihet ni upptäcker när ni lär er att tillämpa tillåtandets konst.

Eftersom den största delen av er redan känner till allt det här, ser vi vårt arbete som en uppgift att påminna er om det ni, på något plan, redan vet. Om det är er önskan förväntar vi oss att ni, när ni läser dessa ord, steg för steg vägleds till ett uppvaknande – till ett erkännande av ert totala jag.

Ni är värdefulla för *allt-som-är*

Det är vår önskan att ni återfår förståelsen för vilket oehört stort värde ni har för allt-som-är, för ni befinner er i sanning i tankens frontlinje och utvidgar universum med varje tanke, ord och handling. Ni är inte några underlägsna väsen som kommit hit för att försöka hinna ifatt, utan frontlinjeskapare med alla universums resurser till ert förfogande.

Vi vill att ni ska veta ert värde, för utan den insikten attraherar ni inte det arv som faktiskt tillhör er. I er brist på självuppskattning nekar ni er själva ert medfödda arv, som består av varaktig glädje. Och även om universum drar nytta av alla era upplevelser är det vår önskan att också ni börjar skörda frukterna av ert arbete här och nu.

Vi vet med absolut säkerhet att ni kommer att hitta de nycklar som leder till den livserfarenhet som ni hade tänkt er innan ni trädde in i den här kroppen. Vi hjälper er att uppfylla ert livsändamål, och vi vet att det här är viktigt för er, för vi hör er fråga: Varför är jag här? Vad kan jag göra för att mitt liv ska bli bättre? Hur ska jag veta vad som är rätt? Vi är här för att besvara allt det utförligt.

Vi är redo för era frågor.

Introduktion till välbefinnande

Jerry: Det jag skulle vilja ha, Abraham, är en introduktion i bokform, skriven speciellt för dem som vill få medveten kontroll över upplevelserna i sitt liv. Jag skulle vilja att boken innehåller tillräckligt mycket information och vägledning för att var och en som läser den ska kunna använda sig av idéerna och snabbt få uppleva större lycka eller högre välbefinnande ... i vetskap om att de förmodligen kommer att vilja ha ytterligare klargöranden i specifika frågor vid något senare tillfälle.

Abraham: Alla utgår från den plats där de befinner sig, och vi förväntar oss att de som söker finner svaren de letar efter i den här boken. Ingen av oss kan erbjuda allt vi vet, eller vill förmedla, vid en enda tidpunkt. Här erbjuder vi därför en tydlig grund för att förstå universums lagar, medvetna om att några blir så intresserade att de söker ytterligare information medan andra inte blir det. Vårt arbete utvecklas ständigt genom alla de frågor som väcks som ett resultat av det vi har tagit upp tidigare. Det finns inget slut på utvecklingen av det vi alla är.

De universella lagarna: definition

Det finns tre eviga universella lagar som vi ska hjälpa er att förstå bättre, så att ni kan tillämpa dem medvetet, effektivt och tillfredsställande under ert fysiska livsuttryck. *Attraktionslagen* är den första av lagarna vi berättar om, för om ni inte förstår eller kan tillämpa attraktionslagen effektivt, då kan ni inte heller använda er av den andra eller tredje lagen, *läran om avsiktligt skapande* och *tillåtandets konst*. Ni måste först förstå och effektivt tillämpa den första lagen för att kunna förstå och använda er av den andra. Och ni måste förstå och tillämpa den andra lagen innan ni kan förstå och använda er av den tredje.

Den första lagen, attraktionslagen, säger: *Det som är lika dras till vartannat*. Det här kan verka som ett ganska banalt påstående, men det definierar den mäktigaste lagen i universum – en lag som påverkar allting hela tiden. Det finns ingenting som inte påverkas av den här mäktiga lagen.

Den andra lagen, läran om avsiktligt skapande, lyder: *Det jag tänker på och det jag tror på eller förväntar mig – det är.* Kort sagt får du det du tänker på, vare sig du vill ha det eller inte. Avsiktligt skapande handlar i själva verket om att medvetet utnyttja tankens kraft, för om du inte förstår och tillämpar dessa lagar medvetet, kan du mycket väl skapa oavsiktligt.

Den tredje lagen, tillåtandets konst, lyder: *Jag är det jag är och jag är villig att låta andra vara det de är.* När du är villig att tillåta andra att vara som de är, även om de inte tillåter dig det, då blir du en sann tillåtare, men det är inte troligt att du når dit förrän du har kommit till insikt om hur det kommer sig att du får det du får.

Först när du förstår att inga andra kan bli en del av din upplevelse om du inte bjuder in dem med dina tankar (eller med din uppmärksamhet på dem), och att inga omständigheter kan uppstå i din upplevelse om du inte bjuder in dem med din tanke (eller din iakttagelse av dem), blir du den tillåtare du ville bli när du först trädde in i detta livsuttryck.

Med insikt i dessa tre mäktiga universella lagar, och med en medveten tillämpning av dem, får du den glädjefyllda friheten att kunna skapa din egen livsupplevelse exakt sådan som du vill att den ska vara. När du väl förstår att alla människor, omständigheter och händelser bjuds in i ditt liv av dig själv, genom dina tankar, kan du börja leva så som du avsåg när du fattade beslutet att träda in i en fysisk kropp. Förståelse för den mäktiga attraktionslagen tillsammans med föresatsen att avsiktligt skapa din egen upplevelse, leder dig slutligen fram till den ojämförliga frihet som bara kan uppstå ur en fullständig förståelse för och tillämpning av tillåtandets konst.

DEL II

Attraktionslagen

Den universella attraktionslagen: definition

Jerry: Jaha, Abraham, jag förmodar att det första ämnet ni vill ta upp med oss i detalj är attraktionslagen. Jag vet att ni har sagt att det är den allra mäktigaste lagen.

Abraham: Attraktionslagen är inte bara universums mäktigaste lag utan en lag som man måste förstå innan något annat av det vi berättar får något värde. Och man måste förstå den innan något av det man själv upplever, eller det man ser någon annan uppleva, får någon mening. Allting i ditt eget och i alla andras liv påverkas av attraktionslagen. Den utgör grunden för allt det du ser komma till fysiskt uttryck. Den utgör grunden för allt som kommer in i din livserfarenhet. Medvetenhet om attraktionslagen och förståelse för hur den fungerar är väsentlig för att du ska kunna leva livet med avsikt. Faktum är att den är nödvändig för att du ska kunna leva det glädjefyllda liv du trädde fram för att leva.

Attraktionslagen lyder: *Det som är lika dras till vartannat.* När du säger ”lika barn leka bäst” eller ”kaka söker maka”, talar du i själva verket om attraktionslagen. Du ser bevis för den när du vaknar olycklig och saker och ting bara blir värre och värre under dagens lopp, så att du, när du lägger dig, tänker: ”Jag borde aldrig ha klivit ur sängen i morse.” Du ser bevis för den i ditt samhälle, när du noterar att den som pratar mest om sjukdomar är den som blir sjuk; när du märker att den som talar mest om rikedomar är den som blir rik. Attraktionslagen blir uppenbar när du ställer in radiomottagaren på 630AM och förväntar dig att ta emot utsändningen på 630AM, eftersom du förstår att radiosignalerna mellan sändaren och din mottagare måste matcha.

När du börjar förstå – eller bättre uttryckt, när du börjar komma ihåg – den mäktiga attraktionslagen, blir bevisen för den uppenbara i din omgivning, för du ser den exakta överensstämmelsen mellan det du har tänkt på och det som faktiskt kommer till fysiskt uttryck i ditt liv. Ingenting dyker bara upp utan vidare. Du attraherar det – alltsammans. Utan undantag.

Eftersom attraktionslagen svarar på de tankar som du ständigt tänker, är det korrekt att säga att du skapar din egen verklighet. Allt det du upplever har attraherats till dig genom att attraktionslagen har svarat på de tankar du har sänt ut. Vare sig du minns något från det förflutna, iakttar något i nuet eller föreställer dig något om framtiden, har tanken du fokuserar på i det mäktiga nuet aktiverat en vibration inom dig – och attraktionslagen reagerar på den.

Folk förklarar ofta, mitt bland alla oönskade saker som drabbar dem, att de minsann inte har skapat något sådant. "Jag skulle aldrig ha gjort så här mot mig själv!" säger de. Vi vet att ni inte medvetet för in det oönskade i er erfarenhet, men vi måste ändå förklara att det bara är ni själva som kan ha orsakat det, för ingen annan än ni själva har makten att attrahera det som kommer till er. Genom att fokusera på något ni inte önskar er, eller på dess essens, skapar ni det oavsiktligt. Eftersom ni inte förstår universums lagar eller vad man kan kalla spelets regler, bjuder ni in det oönskade i er erfarenhet genom att ge det uppmärksamhet.

För att bättre förstå attraktionslagen kan du se dig själv som en magnet som drar till dig essensen av det du tänker och känner. Om du känner dig fet, kan du inte attrahera smal. Om du känner dig fattig kan du inte attrahera välstånd, och så vidare. Det trotsar lagen.

Att tänka på det är att bjuda in det

Ju bättre du förstår attraktionslagen, desto större intresse får du av att medvetet styra dina tankar – för du får det du tänker på, vare sig du vill ha det eller inte.

Det är utan undantag så att det du tänker på är det du bjuder in till din upplevelse. När du tänker på något som du vill ha, växer sig dessa tankar större och större och starkare och starkare med attraktionslagens hjälp. När du tänker på något som du inte vill ha, börjar attraktionslagen verka på dem så att även de tankarna växer sig större och större. Ju större tanken blir, desto mer kraft får den och desto större är sannolikheten för att upplevelsen blir verklighet.

När du ser något du vill uppleva och du säger: ”Ja, det där vill jag ha”, bjuder du in det till din erfarenhet genom din uppmärksamhet på det. Men när du ser något som du inte vill uppleva och utbrister: ”Nej, nej, det där vill jag inte ha”, bjuder du, genom din uppmärksamhet, in även det. I detta attraktionsgrundade universum förekommer ingen uteslutning. Genom att visa det uppmärksamhet införlivar du det i din vibration och om du håller kvar din uppmärksamhet på det eller din medvetenhet om det tillräckligt länge för attraktionslagen in det i din erfarenhet, för det finns ingenting sådant som ett ”nej”. För att förtydliga är det alltså så att när du tittar på något och ropar ”nej, jag vill inte uppleva det där; försvinn”, kallar du det i själva verket till dig, för det finns ingenting som heter ”nej” i ett attraktionsbaserat universum. Uppmärksamheten på det säger: ”Ja, kom till mig, det här vill jag inte ha.”

I din fysiska rumtidsverklighet manifesteras det du tänker på lyckligtvis inte omedelbart. Det finns en underbar tidsbuffert mellan de första tankarna på något och dess fysiska uttryck. Den tidsbufferten ger dig möjlighet att i allt högre grad styra om din uppmärksamhet i riktning mot sådant som du faktiskt vill ska förverkligas. Och långt innan det blir verklighet (faktiskt när du först börjar tänka på det) kan du avgöra om det är något du vill förverkliga eller inte genom vad du känner för det. Om du fortsätter att rikta din uppmärksamhet mot det – oavsett om det är något du vill ha eller inte – kommer det med tiden att dyka upp i din erfarenhet.

Dessa lagar påverkar ditt liv, även om du är okunnig om dem eller inte förstår hur de fungerar. Och även om du kanske inte har hört talas om attraktionslagen, är dess kraftfulla verkan uppenbar i alla aspekter av din livserfarenhet.

I och med att du funderar på det du läser här och lägger märke till det inbördes förhållandet mellan det du tänker och uttalar och det du får, lär du dig att förstå den mäktiga attraktionslagen. Och när du medvetet riktar dina tankar och ditt fokus mot de saker du vill dra in i din erfarenhet, får du snart ta emot upplevelserna du önskar dig inom alla områden av ditt liv.

Din fysiska värld är en vidsträckt och omväxlande plats, fylld av en fantastisk mångfald händelser och omständigheter, som du i vissa fall gillar (och skulle vilja uppleva) och i vissa fall ogillar (och inte skulle vilja uppleva). När du trädde in i din fysiska tillvaro var det inte din avsikt att be världen förändras för att anpassa sig till dina åsikter om hur saker och ting borde vara, genom att eliminera allt det du inte tycker om och bara lägga till sådant som du godkänner.

Du är här för att skapa den värld som du själv väljer, samtidigt som du tillåter världen att existera på det sätt som andra väljer att ha den. Andras val hindrar inte på något sätt dina val, men om du riktar din uppmärksamhet mot det de väljer påverkar det din vibration, och därmed din egen attraktionspunkt.

Tankar har magnetisk kraft

Attraktionslagen och dess magnetiska kraft sträcker sig ut i universum, attraherar andra tankar som i vibrationsavseende liknar dina … och för dem till dig: Föremålen för din uppmärksamhet, vilka tankar du aktiverar och attraktionslagens svar på de tankarna, bär ansvaret för varje person, varje händelse och varje omständighet som kommer in i din erfarenhet. Alla dessa saker dras in i din upplevelse genom en sorts magnetisk tratt, eftersom de vibrationsmässigt stämmer överens med det du har tänkt.

Du får essensen i det du tänker på, vare sig det är något du vill ha eller något du inte vill ha. Det kan kännas oroande till en början, men med tiden förväntar vi oss att du kommer att uppskatta den mäktiga attraktionslagens rättvisa, konsekvens och oinskränkta makt. När du väl förstår lagen och börjar uppmärksamma vart du riktar din uppmärksamhet, återtar du kontrollen över dina egna upplevelser. Och med den kontrollen kan du återigen minnas att det inte finns något du önskar dig som du inte kan uppnå, och att det inte finns något du inte vill ha som du inte också kan göra dig av med.

När du förstår attraktionslagen och erkänner det absoluta inbördes förhållandet mellan det du har tänkt och känt och det som kommer till fysiskt uttryck i ditt liv – blir du mer medveten om hur dina egna tankar får stimulans. Du börjar lägga märke till att tankarna väcks av det du läser, ser på tv, hör talas om eller iakttar i någon annans liv. Och när du ser vilken effekt attraktionslagen har på dessa tankar, som börjar i liten skala och växer sig allt större och mäktigare ju mer uppmärksamhet du ger dem, känner du en inre önskan att styra dina tankar mot mer av det du skulle vilja uppleva. För vad du än funderar på och vilken källan till tanken än är … så skrider attraktionslagen till verket och erbjuder dig tankar, samtal och upplevelser som till sin natur liknar det som du själv har tänkt.

Det spelar ingen roll om du minns det förflutna, iakttar nuet eller föreställer dig framtiden; du gör det just nu, och vad du än fokuserar på aktiverar det en vibration som attraktionslagen reagerar på. Till en början kanske du funderar över ett visst ämne i avskildhet, men om du tänker på det länge nog kan du notera att andra människor börjar diskutera det med dig, eftersom attraktionslagen hittar personer som sänder ut en likartad vibration och för dem till dig. Ju längre du fokuserar på något, desto starkare blir tanken på det; och ju starkare förknippat med det din attraktionspunkt är, desto fler bevis för det framträder i ditt liv. Det spelar ingen roll om du fokuserar på saker du vill ha eller på saker du inte vill ha; bevisen för dina tankar flödar ständigt till dig.

Mitt inre väsen kommunicerar via känslor

Du är mycket mer än du ser här i din fysiska kropp, för samtidigt som du verkligen är en förunderlig fysisk skapare, existerar du också i en annan dimension. Det finns en del av dig, en icke-fysisk del av dig – det vi kallar ditt inre väsen – som existerar just nu, samtidigt som du finns här i din fysiska kropp.

Känslorna är en fysisk indikation på förhållandet till ditt inre väsen. Medan du fokuserar på ett visst ämne, som du har ett specifikt perspektiv på och en viss åsikt om, fokuserar ditt inre väsen samtidigt på samma ämne och har sitt perspektiv på det och sin åsikt om det. Känslorna du förnimmer är din indikation på hur väl dessa åsikter stämmer överens. Det kan till exempel ha hänt något som du, enligt din nuvarande åsikt, tycker att du borde ha klarat bättre. Eller också kanske du känner dig ovärdig eller inte tillräckligt smart. Eftersom den åsikt som råder hos ditt inre väsen är att du klarar dig fint och att du är intelligent och alltid värdig, går åsikterna isär och du känner den bristande överensstämmelsen i form av en negativ känsla. Om du å andra sidan känner dig stolt över dig själv eller älskar dig själv eller någon annan, stämmer din rådande åsikt mycket bättre överens med det ditt inre väsen känner för stunden; och i sådana fall upplever du de positiva känslorna stolthet, kärlek eller uppskattning.

Ditt inre väsen, eller din källenergi, erbjuder alltid ett perspektiv som är till din största fördel, och när ditt eget perspektiv matchar det uppstår en positiv attraktion. Ju bättre du mår, desto bättre blir alltså din attraktionspunkt och desto bättre går det för dig. Det är de jämförande vibrationerna hos ditt fysiska perspektiv och ditt inre väsens perspektiv som bär ansvaret för denna storslagna vägledning, som du alltid har tillgänglig.

Eftersom attraktionslagen alltid reagerar på och agerar i enlighet med den vibration du sänder ut, är det till oerhört stor hjälp att veta att känslorna talar om för dig ifall du befinner dig i en process att skapa något som du vill ha eller något som du inte vill ha.

Ofta när våra fysiska vänner lär sig att förstå den mäktiga attraktionslagen och börjar inse att de attraherar saker och ting genom det de tänker, försöker de övervaka varenda tanke och vara vaksamma på vad de tänker för något. Men det är svårt att övervaka sina tankar, för det finns så mycket att tänka på, och attraktionslagen bidrar ständigt med mer.

Istället för att övervaka tankarna uppmuntrar vi er att uppmärksamma vad ni känner. För om ni skulle välja en tanke som inte står i harmoni med hur ert äldre, förnuftigare och mer omfattande och kärleksfulla inre väsen ser det, känner ni disharmonin och kan enkelt styra tanken mot något som känns bättre och därför tjänar er bättre.

Du visste, när du fattade beslutet att träda in i en fysisk kropp, att du skulle få tillgång till det här underbara känslomässiga vägledningssystemet, för du visste då att du genom dina fantastiska, ständigt närvarande känslor, skulle veta ifall du avvek från din högre kunskap eller följde dess ledning.

När du tänker en tanke i riktning mot något du vill ha upplever du en positiv känsla. När du tänker i riktning mot något du inte vill ha upplever du en negativ känsla. Så genom att helt enkelt vara uppmärksam på vad du känner, kan du, hela tiden, veta riktningen på det ditt mäktiga, magnetiska väsen attraherar.

Mitt ständigt närvarande känslomässiga vägledningssystem

Känslornas underbara vägledningssystem är till stor fördel för dig, för attraktionslagen arbetar ständigt, även om du inte märker det. Varje gång du tänker på något som du inte vill ha, och håller kvar fokus på det, attraherar du därför, i enlighet med lagen, mer och mer och mer av det, tills du slutligen lockar in matchande händelser eller omständigheter i ditt liv.

Men om du är medveten om ditt känslomässiga vägledningssystem och lyhörd för vad du känner, då kan du redan i de tidiga, subtila skedena märka att du fokuserar på något som du inte vill ha, och därmed lätt förändra tanken så att du börjar attrahera något som du vill ha. Om du inte är lyhörd för vad du känner, då märker du inte att du tänker i riktning mot något som du inte vill ha, och kan mycket väl attrahera något stort och kraftfullt som du inte vill ha och som det blir mycket svårare att ta tillbaka senare.

När du får en idé som du känner iver inför, betyder det att ditt inre väsens vibration matchar den idén. Din positiva känsla är alltså ett tecken på att vibrationen hos din tanke i den stunden överensstämmer med den hos ditt inre väsen. Det är det här som är inspiration: Du står, för ett ögonblick, i perfekt vibrationsharmoni med ditt inre väsens vidare perspektiv, och tack vare den harmonin upplever du tydlig kommunikation, eller vägledning, från ditt inre väsen.

Tänk om jag vill att det ska ske snabbare?

Tack vare attraktionslagen dras machande tankar till varandra, och när de gör det växer de i styrka. När de växer i styrka – och därmed kommer närmare manifestationen – blir känslan du upplever också proportionellt starkare. När du är inriktad på något du önskar dig, då lockar attraktionslagen fram fler och fler tankar om det och din positiva känsla stärks. Du kan påskynda tillblivelsen av något helt enkelt genom att ge det större uppmärksamhet – attraktionslagen tar hand om resten och presenterar för dig essensen av ämnet du har i tankarna.

Vi skulle definiera orden vilja eller önska som följer: Att fokusera sin uppmärksamhet eller rikta sina tankar mot ett ämne, samtidigt som man upplever positiva känslor. När du uppmärksammar ett visst ämne samtidigt som dina känslor för det är enbart positiva, då dyker det mycket snabbt upp i din erfarenhet. Ibland hör vi våra fysiska vänner uttala orden *vill* eller *önskar* samtidigt som de känner tvivel eller rädsla för att deras önskan inte ska gå i uppfyllelse. Ur vår synvinkel är det omöjligt att känna en ren önskan om att uppnå eller få något samtidigt som man upplever en negativ känsla.

Ren önskan åtföljs alltid av positiv sinnesstämning. Kanske är det därför som så många har svårt att ta till sig vårt sätt att använda orden *vilja* och *önska*. De hävdar att orden antyder någon sorts avsaknad eller brist och motsäger sig själva, och vi håller med. Men problemet ligger inte i själva ordet eller benämningen, utan i känslan som uttrycks när det används.

Det är vår önskan att hjälpa dig att förstå att du kan nå vart du vill, varifrån som helst, oavsett var du befinner dig och i vilket tillstånddu är. Det viktigaste är att du förstår att ditt mentala tillstånd, eller din attityd, för stunden är den grund varifrån du attraherar mer. Den mäktiga och konsekventa attraktionslagen reagerar på allting i detta vibrerande universum – genom att föra samman människor, situationer och tankar med likartade vibrationer. Allting i ditt liv – från hur tankarna flyger genom ditt huvud till vilka människor du stöter på i trafiken – är som det är på grund av attraktionslagen.

Hur vill jag se mig själv?

För de flesta av er går det mesta i livet bra och ni vill att det ska fortsätta så, men det finns också saker som ni skulle vilja ha annorlunda. För att en situation ska förändras måste ni se den som ni skulle vilja ha den, istället för som den är. Förmodligen handlar majoriteten av de tankar ni tänker om sådant ni iakttar, vilket betyder att det-som-är dominerar ert fokus, er uppmärksamhet, er vibration, och därmed er attraktionspunkt. Det förvärras ytterligare av att människorna i er omgivning också iakttar er.

Som ett resultat av den överväldigande mängd uppmärksamhet som de flesta av er ger er nuvarande situation (det-som-är), kommer därför förändringar mycket långsamt eller inte alls. En stadig ström av olika människor kommer in i ditt liv, men essensen eller temat i upplevelserna förändras inte särskilt mycket.

För att uppnå sann positiv förändring måste du bortse från hur saker och ting är nu – och från hur andra betraktar dig – och ägna större uppmärksamhet åt hur du skulle vilja att ditt liv såg ut. Med övning kan du förändra din attraktionspunkt och uppleva avsevärda förändringar i tillvaron. Sjukdom kan förbytas i god hälsa, brist på pengar kan förbytas i välstånd, dåliga relationer kan ersättas med goda, förvirring kan övergå i klarhet, och så vidare.

Genom att avsiktligt styra dina tankar – i stället för att bara iaktta det som händer runt omkring dig – förändrar du så småningom de vibrationsmönster som attraktionslagen svarar på. Med tiden, och med mindre möda än du kanske tror, upphör du att reagera på hur andra uppfattar dig och skapar inte längre en framtid som ser likadan ut som ditt förflutna och ditt nu. Istället blir du en mäktig, medveten skapare av din egen erfarenhet.

Du lär inte få se en skulptör slänga ner sin stora lerklump på arbetsbordet och utbrista: ”Åh, nej, det blev inte som jag hade tänkt mig!” Han vet att han måste sätta händerna i leran, jobba med den, forma den, till dess att leran på bordet liknar visionen i hans huvud. Dina omväxlande livserfarenheter förser dig med leran ur vilken du formar din tillvaro, och att bara iaktta den som den är, utan att ta tag i den och medvetet forma den så att den matchar dina önskningar, är inte tillfredsställande – och det är inte vad du hade för avsikt när du fattade beslutet att träda in i den här tid-och-rum-verkligheten. Vi vill att du ska förstå att din ”lera” är formbar, oavsett hur den ser ut just nu. Det finns inga undantag.

Välkommen, lilla vän, till planeten Jorden

Du kanske tycker att det skulle ha varit lättare att ta till sig det här om du hade fått höra det under din första dag på jorden. Och om vi hade talat till dig på din första dag av fysiskt liv skulle vi ha sagt så här:

Välkommen, lilla vän, till planeten Jorden … Det finns ingenting som du inte kan bli, göra eller få. Du är en storslagen skapare och du är här tack vare din mäktiga och medvetna önskan om att vara här. Du har medvetet använt dig av din förunderliga förmåga att skapa med avsikt, och därför har du kommit hit.

Gå ut och tänk igenom vad du vill ha, attrahera livserfarenheter som hjälper dig att avgöra vad du vill uppnå, och när du har bestämt dig, tänk uteslutande på det.

Den mesta tiden kommer du att ägna åt att samla in data – data som hjälper dig att bestämma vad du vill ha … Ditt verkliga arbete är att bestämma vad du vill ha och sedan attrahera det. Sådan är skapelseprocessen: att tänka på det du vill ha, med så många och så tydliga tankar att ditt inre väsen framkallar känslor. Och när du tänker, med känsla, blir du den kraftigaste av alla magneter. Det är genom den processen du drar till dig allt det du vill uppleva.

Många av tankarna du tänker har endast svag attraktionskraft – åtminstone i början – om du inte håller kvar ditt fokus på dem så länge att de växer sig starkare. För när de blir fler i kvantitet växer också deras styrka. Och när de blir fler och starkare blir också känslan som ditt inre väsen sänder ut starkare.

När du tänker tankar som ger upphov till känslor får du tillgång till universums kraft. Gå ut (skulle vi säga) den här första dagen av livserfarenhet och vet att din uppgift är att bestämma vad du vill – och att därefter fokusera på det.

Men vi talar inte till dig på den första dagen av ditt liv. Du har varit här ett tag. De flesta av er har sett er själva inte bara genom era egna ögon (inte ens primärt genom era egna ögon), utan genom andras; därför befinner sig många av er för närvarande inte i det varandetillstånd ni skulle vilja vara i.

Är min ”verklighet” egentligen så verklig?

Vi tänker erbjuda en process genom vilken du kan uppnå det varandetillstånd du själv väljer, så att du kan få tillgång till universums kraft och börja attrahera det du vill uppleva, istället för det du ser som ditt aktuella tillstånd. Ur vårt perspektiv är det nämligen en mycket stor skillnad mellan det som nu existerar – som du kallar din ”verklighet” – och det som egentligen är din verklighet.

Även om din kropp är sjuk eller inte har den storlek, form eller vitalitet du skulle ha valt, om du har en livsstil som inte tilltalar dig eller en bil som du helst inte vill visa upp eller om du umgås med personer som inte skänker dig någon glädje … vill vi hjälpa dig att förstå att det inte behöver vara så, även om det kan tyckas så nu. Ditt varandetillstånd är det du känner för dig själv vid varje given tidpunkt.

Hur kan jag öka min dragningskraft?

Tankarna du tänker utan att de väcker några starka känslor hos dig har ingen stor dragningskraft. Alla tankar har visserligen kreativ potential, eller potential att attrahera, men det är tankarna du tänker i kombination med starka känslor som är de allra effektivaste. Majoriteten av tankarna har alltså endast svag attraherande kraft. De upprätthåller mer eller mindre det du redan har attraherat.

Kan du då inte se värdet av att ägna 10 eller 15 minuter varje dag åt att medvetet lägga fram kraftfulla tankar som väcker storslagna, mäktiga, passionerade, positiva känslor, för att attrahera omständigheter och händelser som du verkligen vill ha i ditt liv? (Vi ser ett stort värde i det.)

Här följer en process i vilken ni kan ägna en liten stund varje dag åt att medvetet attrahera hälsa, vitalitet, rikedom, positiv samvaro med andra … allt det som skulle utgöra en perfekt livserfarenhet för er. Och det blir en omvälvande upplevelse, vänner. För på samma sätt som ni sänder ut och tar emot, får ni inte bara skörda frukterna av det ni har skapat, utan ni får också ett nytt perspektiv på livet, och det perspektivet förändrar era avsikter. Det är vad utveckling och tillväxt handlar om.

Abrahams process *kreativ workshop*

Så här går processen till: Du ska gå på ett slags kreativ workshop varje dag – inte så lång tid i taget – en kvart är en lämplig tid, 20 minuter som mest. Du behöver inte hålla workshoppen på samma plats varje dag, men det är bra om det sker på ett ställe där du inte blir distraherad eller avbruten. Det här är inte fråga om att träda in i ett förändrat medvetandetillstånd; det är inte ett meditativt tillstånd. Du ska bara ägna en stund åt att tänka igenom vad du vill ha, med en sådan tydlighet att ditt inre väsen svarar med att sända ut känslor av bekräftelse.

Innan du inleder processen är det viktigt att du känner glädje, för om du börjar när du känner dig olycklig eller likgiltig får arbetet inget värde, eftersom attraktionskraften saknas. När vi talar om "glädje" menar vi inte en sådan känsla av upphetsning att du hoppar jämfota, utan en upplyft, sorglös känsla – en som betyder att allt är väl. Så vi rekommenderar att du gör vad som krävs för att bli glad. De tillvägagångssätten är olika för var och en av er … Esther kommer snabbt i en upplyft, glädjefylld stämning av att lyssna på musik – men det är inte all musik som kan åstadkomma det, och inte ens samma musik varje gång. För en del kan det hjälpa att umgås med djur eller vara nära rinnande vatten, men när du väl har hittat den sköna känslan, sätt dig då ner och inled din workshop.

Arbetet här består i att sammanställa data som du har samlat på dig under dina faktiska livserfarenheter (då du har haft utbyte med andra och vistats i din fysiska miljö). Din uppgift är att sätta ihop alla data till en sorts bild av dig själv; en bild som gör dig tillfredsställd och nöjd.

Dina upplevelser utanför workshoppen är av stort värde, för om du, under dagens lopp, vad du än gör – går till jobbet, sköter sysslorna hemma, umgås med din partner, dina vänner, dina barn eller föräldrar – använder en del av din tid till att samla in data och söka efter sådant som du skulle vilja ta med i din workshop – då kommer du att märka att varje dag blir fylld av glädje.

Har du någonsin gått ut på stan med pengar på fickan för att leta reda på något att köpa? Du strosade kanske runt och tittade, och även om det fanns många saker du inte ville köpa, var det hela tiden din avsikt att hitta något som du ville byta mot pengarna. Det är så du bör se på varje dag i din livserfarenhet … som om du har fickan full av något som du kan byta mot de data du samlar in.

Du kanske exempelvis träffar en person som är mycket gladlynt. Lägg informationen på minnet i avsikt att ta med det i din workshop senare. Du kanske ser någon som kör bil på ett sådant sätt som du skulle vilja köra; ta med dig den informationen. Du kanske ser en yrkesroll som tilltalar dig … Vad det än är du ser och tycker om, lägg det på minnet. (Du kan till och med skriva ner det.) När du ser något som du tror att du skulle tycka om att ha i ditt eget liv, se dig själv sätta in tillhörande data i en sorts mental bank. I din workshop kan du sedan ställa samman alla dessa data, och när du gör det skapar du en ny bild av dig själv. Utifrån den bilden börjar du sedan attrahera själva essensen av det som har tilltalat dig.

Om du kan greppa insikten om att din verkliga uppgift, oavsett vilka andra aktiviteter du utför, är att se dig omkring efter sådant du vill ha, i avsikt att ta med det till din workshop och skapa en vision av dig själv utifrån det du vill attrahera – då vet du också att det inte finns någonting du inte kan bli, göra eller få.

I min *kreativa workshop*

Här följer ett exempel på ett sådant arbete som du kan utföra när du känner dig glad och sitter i din workshop:

> *Jag tycker om att vara här; jag ser värdet och styrkan i den här stunden. Det känns mycket bra.*
>
> *Jag ser mig själv i ett slags helhetslösning, en som jag vet är min egen skapelse och som jag själv har valt. I den här bilden av mig själv är jag full av energi, oförtröttlig, och rör mig motståndslöst genom livet. När jag iakttar hur jag glider fram, in i och ut ur rum, in i och ut ur samtal, och in i och ut ur livsupplevelser, ser jag att jag rör mig utan ansträngning, behagligt och sorglöst.*
>
> *Jag ser att jag drar till mig enbart dem som befinner sig i harmoni med min aktuella avsikt. För varje stund som går ser jag allt klarare vad det är jag vill. När jag sätter mig i bilen och kör någonstans ser jag mig själv anlända vid god vigör, pigg, i tid,*

och redo att ta itu med vad det nu är jag ska göra där. Jag ser mig själv perfekt klädd för tillfället i den stil jag har valt åt mig själv. Och det är skönt att veta att det inte spelar någon roll vad andra väljer eller ens vad andra tycker om det jag väljer.

Det viktiga är att jag själv är nöjd med mig, och när jag ser mig själv är jag verkligen det.

Jag inser att jag är obegränsad i alla fasetter av mitt liv ... Jag har en kredit som är obegränsad och när jag färdas genom livet är det fascinerande att veta att det inte finns någonting i mina val som begränsas av tillgång på pengar. Alla mina beslut bygger på ifall jag vill ha upplevelsen eller inte – inte på ifall jag har råd med den eller inte. För jag vet att jag är en magnet som attraherar allt det välstånd, all den goda hälsa och alla de relationer jag själv väljer.

Jag väljer absolut och ihållande överflöd, för jag förstår att det inte finns någon gräns för universums rikedomar, och att jag genom att locka till mig överflöd inte begränsar det för någon annan ... Det finns så att det räcker åt alla. Knepet, som gäller alla, är att se det och vilja ha det – och sedan dra det till sig. Jag har därför valt "obegränsat", utan att nödvändigtvis samla saker på hög – för jag inser att jag har makten att attrahera vad jag vill och använda det som jag vill. Och när jag tänker på något jag vill ha flödar pengarna lätt till mig, i ett obegränsat överflöd och välstånd.

Det finns aspekter som flödar över inom alla områden av mitt liv ... Jag ser mig själv omgiven av andra som, precis som jag, söker tillväxt; och som dras till mig av min vilja att tillåta dem att vara, göra eller få det de själva vill utan att jag drar till mig sådant som de väljer och som jag inte vill ha. Jag ser mig själv ha ett utbyte med andra och prata, skratta och uppskatta det som är perfekt hos dem, medan de njuter av det som är perfekt hos mig. Vi uppskattar alla varandra och ingen av oss kritiserar eller noterar det som vi inte tycker om.

Jag ser mig själv i perfekt hälsa. Jag ser mig själv i absolut väl-

stånd. Jag ser mig själv fylld av liv och av glädje över min fysiska livserfarenhet, som jag såg fram så emot när jag bestämde mig för att bli ett fysiskt väsen. Det är fantastiskt att vara här, som ett fysiskt väsen, att fatta beslut med min fysiska hjärna, men också att komma i åtnjutande av universums krafter med attraktionslagens hjälp. Och det är utifrån detta underbara varandetillstånd som jag nu attraherar mer av samma sak. Det är bra. Det är roligt. Jag tycker väldigt mycket om det.

Jag ska lämna den här workshopen nu och – under resten av dagen – söka efter fler saker jag tycker om. Det är härligt att veta att om jag till exempel ser någon som är framgångsrik men sjuk, behöver jag inte ta med hela paketet till min workshop, utan bara den del jag tycker om. Så jag bär med mig framgångsexemplet, men utelämnar sjukdomen. Mitt arbete är avklarat, för den här gången.

Är inte alla lagar universella?

Jerry: Abraham, ni talade med oss om tre stora universella lagar. Finns det några lagar som inte är universella?

Abraham: Det finns mycket som man kan kalla lagar. Vi reserverar vår definition av ”lag” åt sådant som är universellt. När ni träder in i er fysiska dimension ingår ni en överenskommelse om tid, om gravitation och om rumsuppfattning, men de överenskommelserna är inte universella, för det finns andra dimensioner som inte delar samma upplevelser. I många fall där ni använder ordet lag, skulle vi välja ordet överenskommelse istället. Det finns inga andra universella lagar än dem vi delger er längre fram i boken.

Hur använder jag attraktionslagen på bästa sätt?

Jerry: Finns det många olika sätt för oss att medvetet eller avsiktligt använda den här attraktionslagen?

Abraham: Vi vill börja med att säga att ni alltid använder den, vare sig ni vet om det eller inte. Ni kan inte sluta använda den, för den finns inneboende i allt ni gör. Men vi uppskattar din fråga, för du vill förstå hur du avsiktligt kan använda den för att uppnå det som du medvetet önskar dig.

Att vara medveten om att attraktionslagen existerar är det viktigaste för att kunna utnyttja den. Eftersom attraktionslagen alltid svarar på det du tänker är det viktigt med en avsiktlig fokusering av tankarna.

Välj ett ämne som intresserar dig och tänk på det på sätt som är till nytta för dig. Sök med andra ord efter de positiva aspekterna av det ämne som är viktigt för dig. När du väljer en tanke reagerar attraktionslagen på den och attraherar fler tankar som liknar den och gör den på så sätt allt starkare.

Genom att hålla kvar fokus på ett ämne som du själv har valt, blir din attraktionspunkt för det ämnet mycket starkare än om ditt sinne flackar från ämne till ämne. Det ligger en oerhörd kraft i fokusering.

När du medvetet väljer dina tankar, dina handlingar och till och med vilka du tillbringar din tid tillsammans med, kan du känna attraktionslagens fördelar. När du umgås med personer som uppskattar dig stimulerar det dina egna uppskattande tankar. När du umgås med personer som ser dina brister, då blir deras uppfattning om dina brister ofta din attraktionspunkt.

När du inser att det du riktar din uppmärksamhet mot blir starkare (eftersom attraktionslagen säger att det måste bli det) kan du bli mer grannlaga i vad du väljer att uppmärksamma. Det är mycket lättare att förändra riktningen på en tanke i ett tidigt skede, innan tanken har samlat på sig stor inneboende kraft. Men det är möjligt att förändra riktningen på tanken när som helst.

Kan jag vända min kreativa kraft?

Jerry: Låt oss säga att det finns de som redan har en skapelse på gång, på grund av sina tidigare tankar, och nu kommer fram till att de vill ändra riktningen på den. Måste de då inte ta hänsyn till den inneboende kraft som byggts upp? Måste de inte först sakta ner det de håller på att skapa? Kan de omedelbart skapa någonting helt annat?

Abraham: Det finns en kraftfaktor i tanken, som orsakas av attraktionslagen. Attraktionslagen säger: Det som är lika dras till vartannat. Vilken tanke du än har aktiverat genom din uppmärksamhet på den, växer den sig alltså allt större. Men vi vill att du ska inse att kraftansamlingen sker gradvis. Så hellre än att försöka vända på tanken bör du överväga att fokusera på någonting annat.

Låt oss säga att du har tänkt på något som du inte vill ha, och att du har gjort det en tid, så du har byggt upp en ganska stor negativ kraft. Då skulle det vara omöjligt för dig att plötsligt börja tänka på dess raka motsats. Faktum är att du från din position inte ens skulle ha tillgång till sådana tankar – men du kan välja en tanke som känns något bättre än den du har tänkt, och sedan ännu en, och ännu en, tills du gradvis förändrar riktningen hos dina tankar.

En annan effektiv process för att byta riktning på dina tankar är att tänka på något helt annat och medvetet söka efter positiva aspekter hos det istället. Om du kan göra det, och är villig att hålla kvar ditt fokus på den mer positiva tanken ett tag, då förbättras jämvikten hos dina tankar eftersom attraktionslagen nu reagerar på den nya attityden. Nu när du går tillbaka och hälsar på din tidigare, negativa tanke påverkas den en aning genom att din vibration nu är något annorlunda. Lite i taget förbättrar du vibrationsinnehållet i det ämne du väljer att tänka på, och i och med det börjar allting i ditt liv att förändras i en mer positiv riktning.

Hur kommer man över besvikelse?

Jerry: För individer som försöker göra en kraftig omsvängning i positiv riktning av sitt välstånd eller sin hälsa, men redan har samlat stor kraft som går i andra riktningen, hur mycket tro eller övertygelse skulle krävas av dem för att de ska komma över sin besvikelse och säga, ”jag vet att det kommer att fungera för mig”, trots att det inte har trätt i funktion än?

Abraham: Från ett besviket utgångsläge attraherar man mer besvikelse … Det bästa sättet att ta sig därifrån är att ta hänsyn till skapelseprocessen. Det är värdet med en kreativ workshop, med att känna glädje och sedan förflytta sig till en position där man ser saker och ting som man vill att de ska vara; ser dem tills man tror så fullt och fast på dem att de redan väcker känslor. Från det utgångsläget attraherar man framtiden precis sådan som man vill att den ska vara.

Besvikelse är ditt inre väsens sätt att tala om för dig att det du fokuserar på inte är det du vill ha. Om du är lyhörd för det du känner låter själva besvikelsen dig förstå att det du tänker på inte är det du vill uppleva.

Vad orsakar globala vågor av oönskade händelser?

Jerry: Under årens lopp har jag på tv-nyheter eller i andra medier sett rapporter om flygplanskapningar eller terroristattentat, svåra fall av barnmisshandel eller massmord eller något annat hemskt – och sedan noterat att det börjar dyka upp en nästan världsomspännande våg av likartade händelser. Beror det på samma process?

Abraham: Uppmärksamhet på ett ämne, vilket som helst, förstärker ämnets kraft, i och med att uppmärksamheten aktiverar dess vibration och attraktionslagen reagerar på den aktiverade vibrationen.

De som till exempel planerar att kapa ett flygplan ger kraft åt den tanken, men de som är rädda för att råka ut för en kapning skänker också kraft åt tanken – för man stärker det man inte vill uppleva genom att rikta sin uppmärksamhet mot det. De som har en tydlig avsikt att inte dra in någon typ av negativ information i sin erfarenhet tittar förmodligen inte på nyheterna överhuvudtaget.

Det finns så många olika avsikter och kombinationer av avsikter att det är mycket svårt för oss att peka ut ett generellt sätt att ge upphov till en viss sak ... Visst bidrar nyhetsutsändningar till dessa situationer. För när fler och fler människor fokuserar på något som de inte vill ha, bidrar de till att skapa det. Deras känslomässiga kraft får stort inflytande på de övergripande händelserna i er värld. Det är vad massmedvetande handlar om.

Kan uppmärksamhet på medicinska ingrepp ge upphov till fler?

Jerry: För närvarande är det populärt att visa medicinska operationer på tv. Leder en sådan företeelse till att antalet operationer per capita kommer att öka? Alltså, kan individer som tittar på medicinska ingrepp på tv automatiskt bli mer vibrationsmässigt inställda på essensen av sådana procedurer?

Abraham: När du riktar din uppmärksamhet mot något ökar din potential för att attrahera det. Ju mer livfulla detaljerna är, desto större uppmärksamhet ger du det och desto troligare är det att du lockar in det i din erfarenhet. Och varje negativ känsla du upplever när du tittar på något sådant är en indikation på negativ attraktion.

Sjukdomen slår förstås inte till omedelbart, så ofta gör man inte kopplingen mellan sina tankar, sina efterföljande negativa känslor och den resulterande sjukdomen, men den finns absolut där. Uppmärksamhet på något för det allt närmare.

Lyckligtvis blir dina tankar inte verklighet meddetsamma, på grund av tidsbufferten, så du har gott om tillfällen att utvärdera inriktningen på dina tankar (genom vad du känner) och ändra den så snart du märker att du upplever en negativ känsla.

Demonstrationer av sjukdomsdetaljer har ett mycket stort inflytande på ökningen av sjukdom i ert samhälle. Om ni tillåter er själva att fokusera på den strida strömmen av otrevlig statistik beträffande uppsjön av tänkbara fysiska sjukdomar, kan det inte underlåta att påverka er egen attraktionspunkt.

Istället bör ni försöka hitta ett sätt att rikta er uppmärksamhet mot sådant som ni vill dra in i er erfarenhet, för vad det än är ni ofta tittar på, lockar ni det till er ... Ju mer ni tänker på sjukdomar och oroar er för sjukdomar – desto mer lockar ni dem till er.

Bör jag söka orsaken till mina negativa känslor?

Jerry: Anta att man använder sig av processen kreativ workshop för att fokusera på det man vill ha, men senare upplever en negativ känsla utanför workshopen, föreslår ni då att man försöker hitta vilken tanke det var som utlöste den negativa känslan? Eller bör man bara styra tankarna mot något av det man har tänkt på i workshopen som man vill ha?

Abraham: Styrkan i en kreativ workshop är att ju mer uppmärksamhet du visar ett ämne, desto större kraft får det; och ju större kraft det får, desto lättare blir det att tänka på det och desto mer av det börjar dyka upp i din erfarenhet. Närhelst du blir medveten om några negativa känslor är det viktigt att förstå att du kan ha utfört en negativ workshop, utan att vara medveten om det.

Så snart du kommer på dig själv med att uppleva en negativ känsla, föreslår vi att du varsamt försöker styra tankarna förbi den mot något som du vill uppleva, så att du lite i taget förändrar dina tankevanor beträffande det aktuella ämnet. Så snart du kan identifiera något som du inte vill ha kan du också identifiera något du vill ha. Och när du gör det om och om igen, förändras dina tankemönster – för varje ämne som är viktigt för dig – och går mer i riktning mot det du vill ha. Med andra ord bygger du gradvis upp broar från aktuella uppfattningar om sådant du inte vill ha, till uppfattningar om sådant du vill ha.

Exempel på överbryggning av en oönskad uppfattning

Jerry: Kan ni ge ett exempel på vad ni menar med att ”bygga broar över en uppfattning”?

Abraham: Det vägledningssystem dina känslor utgör fungerar bäst när du lägger fram konsekventa, medvetna avsikter om vad du önskar dig. Så låt oss säga att du, i din workshop, har föresatt dig att ha perfekt hälsa; att du har visualiserat dig själv som ett friskt, vitalt väsen. Sedan går du ut i din vardag och under lunchen pratar du med en vän som börjar berätta om sin sjukdom. Medan hon talar om sjukdomen märker du att du känner dig besvärad och illa till mods ... Det som händer är att ditt vägledningssystem visar dig att det du hör och det du tänker – det som din vän talar om – inte ligger i harmoni med din avsikt. Då fattar du ett tydligt beslut att hindra samtalet från att gå djupare in på ämnet med sjukdomen. Alltså försöker du byta samtalsämne. Din vän är emellertid mycket engagerad i och dragen till det här ämnet och återkommer snart till det. Återigen börjar ditt känslosystems varningsklockor att ringa.

Anledningen till att du upplever negativa känslor är inte bara att din vän talar om något som du själv inte vill tala om. Den negativa känslan är en indikation på att du bär på någon uppfattning som går emot din egen strävan. Din väns konversation aktiverar den egna uppfattningen, den som utmanar din önskan om god hälsa. Att lämna vännen och samtalet förändrar inte just den övertygelsen. Du måste förändra den successivt, just där du befinner dig, mitt i uppfattningen, och så att säga bygga en bro till en uppfattning som stämmer bättre överens med din önskan om god hälsa.

När du upplever en negativ känsla är det till god hjälp att stanna upp och medge för dig själv vad du tänkte på när den negativa känslan kom upp till ytan. Varje gång du upplever negativa känslor talar de om för dig att du tänker på något viktigt och att det befinner sig i motsatsställning till det du verkligen vill. Därför kan frågor som ”Vad tänkte jag på när den negativa känslan dök upp?” och ”Vad vill jag egentligen i den här frågan?” hjälpa dig att inse att du, just i den stunden, är fokuserad i rakt motsatt riktning mot det du i själva verket vill dra in i din erfarenhet.

Till exempel: ”Vad tänkte jag på när den negativa känslan steg upp till ytan? Jag tänkte att det är influensatider nu och att jag var väldigt sjuk förra gången jag drabbades av influensa. Jag kunde inte gå till jobbet och missade många andra saker jag ville göra, och dessutom mådde jag riktigt dåligt i många dagar. Vad är det jag vill? Jag vill hålla mig frisk i år."

Men att bara säga, "jag vill vara frisk", räcker vanligtvis inte under sådana förhållanden, eftersom minnena från tidigare sjukdomsperioder och därmed uppfattningen om att du sannolikt kommer att drabbas, är mycket starkare än din önskan att hålla dig frisk.

Vi skulle försöka överbrygga vår uppfattning så här:

Det här är den tid på året då jag brukar drabbas av influensa.

Jag vill slippa den i år.

Jag hoppas att jag slipper få influensa i år.

Det verkar som om alla drabbas.

Det är en överdrift. Alla drabbas inte alls av influensan.

I själva verket har det varit influensatider många gånger utan att jag har drabbats.

Jag får inte alltid influensa.

Det är mycket möjligt att influensaperioden kan komma och gå utan att beröra mig alls.

Jag tycker om tanken på att vara frisk.

När jag senast fick influensa visste jag inte att jag kan kontrollera min erfarenhet.

Nu när jag förstår kraften hos mina egna tankar, har saker och ting förändrats.

Nu när jag förstår attraktionslagens kraft har saker och ting förändrats.

Jag behöver inte uppleva någon influensa i år.

Jag behöver inte uppleva någonting som jag inte vill uppleva.

Det är möjligt för mig att styra mina tankar mot det jag vill uppleva.

Jag tycker om tanken att jag kan styra mitt liv mot det jag vill uppleva.

Nu har du överbryggt uppfattningen. Om den negativa tanken kommer tillbaka – och det kan den fortsätta att göra en tid – så tar du bara kommandot över dina tankar mer medvetet. Då slutar den med tiden att dyka upp.

Skapar mina tankar i drömmen?

Jerry: Jag skulle vilja förstå drömvärlden. Skapar vi i våra drömmar? Attraherar vi något med tankarna när vi sover eller med det vi upplever i våra drömmar?

Abraham: Det gör ni inte. När ni sover har ni dragit tillbaka ert medvetande från er fysiska verklighet av tid och rum och, temporärt under sömnen, skapar ni inte.

Det ni tänker (och därför känner) och det ni attraherar matchar alltid. Det ni tänker och känner i drömtillståndet och det som yttrar sig i livserfarenheten matchar alltid. Drömmarna ger er en glimt av det ni har skapat eller det ni håller på att skapa – men ni utför ingen skapelseprocess medan ni drömmer.

Ofta är man omedveten om sina tankemönster innan de tar sig fysiskt uttryck i den egna erfarenheten, eftersom man har utvecklat sina tankevanor gradvis under en lång tidsperiod. Och visserligen är det möjligt att förändra det oönskade till något önskat även sedan det har kommit till fysiskt uttryck, men det är mycket svårare. Om du förstår vad drömtillståndet egentligen är kan det hjälpa dig att känna igen riktningen hos dina tankar innan de faktiskt materialiseras i din erfarenhet. Det är mycket lättare att korrigera riktningen på tankarna när drömmen ger dig en indikation om dem än det är när de har blivit en verklig manifestation.

Måste jag ta deras onda med deras goda?

Jerry: I hur hög grad ingår vi i det som någon oss närstående har attraherat (önskat eller oönskat)? Med andra ord, hur mycket kan en annan person, som står oss nära, föra in sådant som han eller hon har attraherat i våra liv – vare sig vi vill ha det eller inte?

Abraham: Ingenting kan komma in i ditt liv utan att du ägnat det uppmärksamhet. De flesta människor är emellertid inte särskilt selektiva i fråga om vad de skänker sin uppmärksamhet. Om du alltså noterar allting hos någon annan, då bjuder du in alla hans eller hennes aspekter i din egen erfarenhet. Om du bara ägnar uppmärksamhet åt de saker som du tycker bäst om hos den personen, då bjuder du bara in de sakerna i ditt liv.

Om någon befinner sig i ditt liv har du attraherat honom eller henne. Och även om det ibland kan vara svårt att tro, attraherar du allting som rör din erfarenhet av dem – för ingenting kan komma in i ditt liv utan att du personligen har attraherat det.

Bör jag inte ”värja mig mot det onda”?

Jerry: Så vi behöver alltså inte skjuta ifrån oss det som är negativt? Vi behöver bara attrahera det vi vill ha?

Abraham: Det är omöjligt att skjuta ifrån sig sådant man inte vill ha, för i själva avvärjandet aktiverar man dess vibration och attraherar det istället. Allting i detta universum bygger på attraktion. Med andra ord finns det ingenting sådant som uteslutning. När du ropar ”Nej!” åt det du inte vill ha, bjuder du egentligen in dessa oönskade saker i ditt liv. När du ropar ”Ja!” åt det du vill ha, bjuder du in de önskade sakerna i ditt liv.

Jerry: Det är antagligen därför uttrycket ”värj er inte mot det onda” har uppstått.

Abraham: Om du kämpar emot någonting är du fokuserad på det, stöter bort det och aktiverar vibrationen hos det – och därför attraherar du det. Det skulle alltså inte vara någon god idé att göra så med det du inte vill uppleva. ”Värj er inte mot det onda” skulle också kunna sägas av någon som är klok nog att förstå att det som människan kallar ”ondska” inte existerar.

Jerry: Abraham, hur skulle ni definiera ordet ”ondska”?

Abraham: Det skulle inte finnas någon anledning för oss att ha det ordet i vårt vokabulär, eftersom det inte finns något som vi känner till som vi skulle kunna använda det om. När människor beskriver något som ont menar de vanligtvis ”motsatsen till gott”. Vi har noterat att när människor använder ordet ont menar de något som står i motsättning till deras uppfattning om vad som är gott, eller om vad Gud är. Ont är det som de tror inte befinner sig i harmoni med det de vill ha.

Jerry: Och ”gott”?

Abraham: Gott är det som man tror att man vill ha. Du förstår att gott och ont bara är ett sätt att definiera önskat och oönskat. Och vad som är önskat respektive oönskat gäller bara individen som står för önskningarna. Det blir komplicerat när människor engagerar sig i andras önskningar och ännu värre när de försöker kontrollera andras önskningar.

Hur tar jag reda på vad jag verkligen vill?

Jerry: Ett av de vanligaste bekymren, som jag har hört många uttala genom åren, är att man inte vet vad man vill. Hur vet vi vad vi vill?

Abraham: Ni har trätt in i den fysiska livserfarenheten för att få uppleva variationer och kontraster i just det syftet – att bestämma era egna personliga tendenser och önskningar.

Jerry: Kan ni ge oss förslag på någon process som vi kan använda oss av för att ta reda på vad vi vill?

Abraham: Er livserfarenhet hjälper er ständigt att identifiera vad ni vill. Även när ni är akut medvetna om något ni inte vill, kan ni just då bättre förstå vad ni faktiskt vill. Och det är till god hjälp att använda påståendet: "Jag vill veta vad jag vill." När ni riktar er uppmärksamhet mot den föresatsen intensifieras attraktionsprocessen.

Jerry: Personen som säger till mig, "jag vill veta vad jag vill", håller i själva verket på att komma fram till vad han eller hon vill?

Abraham: Livserfarenheten leder till att man, ur sitt eget perspektiv, identifierar sina personliga åsikter och tendenser: "Jag föredrar det här framför det där; jag tycker bättre om det här än det där; jag vill uppleva det här, men jag vill inte uppleva det där." Man kan inte undgå att dra sina egna slutsatser när man ser på detaljerna i sin egen livserfarenhet.

Vi tror inte att människor har svårt att bestämma sig för vad de vill i lika hög grad som de har svårt att tro att de kan få vad de vill … Eftersom de inte har förstått den mäktiga attraktionslagen och eftersom de inte har varit medvetet upmärksamma på sin egen vibrationsutsändning, har de inte upplevt någon medveten kontroll över det de själva har upplevt. Många har däremot upplevt obehaget i att verkligen vilja något och arbeta mycket hårt för att försöka uppnå det, bara för att se det förbli utom räckhåll på grund av att de sänt ut fler tankar som handlade om avsaknaden av det än som handlade om mottagandet av det. Med tiden kom de därför att förknippa mottagandet av önskade saker med hårt arbete, kamp och besvikelse.

När de säger, "jag vet inte vad jag vill", menar de egentligen "jag vet inte hur jag ska få det jag vill ha" eller "jag är inte villig att göra det jag tror att jag måste göra för att få det jag vill ha" och "jag vill inte behöva jobba så hårt igen och ändå uppleva obehaget att inte få det jag vill ha!"

Uttalandet ”jag vill veta vad jag vill” är ett första och kraftfullt steg mot ett avsiktligt skapande. Men sedan måste det följas av en medveten styrning av uppmärksamheten mot sådant som de vill locka in i sin erfarenhet.

De flesta människor styr inte medvetet sina tankar mot sådant de verkligen vill ha, utan iakttar istället bara det som pågår runt omkring dem. När de ser något som tilltalar dem upplever de positiva känslor, men när de ser något som de inte gillar upplever de negativa känslor. Få inser att de kan kontrollera vad de känner och positivt påverka det som dyker upp i deras livserfarenhet genom att avsiktligt styra sina tankar. Och eftersom de inte är vana vid att göra det, krävs det övning. Det är anledningen till att vi uppmuntrar alla att jobba i en kreativ workshop. Genom att medvetet tänka på det man vill uppnå och utforma tilltalande mentala scenarier som väcker sköna känslor till liv inombords, förändrar man så småningom sin egen attraktionspunkt.

Universum, som svarar på tankarna du tänker, skiljer inte mellan en tanke som uppstått genom att du har iakttagit verkligheten och en som uppstått inne i ditt huvud. I båda fallen utgör tanken din attraktionspunkt – och om du fokuserar på den länge nog blir den din verklighet.

Jag ville ha blått och gult, men fick grönt

När man är fullständigt tydlig med *allt* det man vill ha, får man *alla* resultat man vill ha. Men ofta är man inte helt tvärsäker. Du kanske exempelvis säger: ”Jag vill ha färgen gul och jag vill ha färgen blå.” Men till slut står du där med grönt, och säger: ”Hur kunde jag få grönt? Det var ju inte alls det jag hade tänkt mig.” Men, det uppstod en sammanblandning av dina andra avsikter. (Om man blandar färgerna gult och blått får man ju förstås grönt.)

På ett liknande sätt kan det (på ett undermedvetet plan) uppstå en sammanblandning av de avsikter som ständigt förekommer inom dig, men den är så komplex att din medvetna tankemekanism inte kan få någon rätsida på det. Men ditt inre väsen kan få ordning på det – och kan erbjuda dig sinnesstämningar som vägledning. Allt som krävs är att du uppmärksammar dina känslor och låter dig ledas mot sådant som känns skönt eller rätt, medan du styr undan från sådant som inte känns bra.

När du har övat lite på att förtydliga dina avsikter, kommer du att märka att du, redan i ett mycket tidigt skede av ett utbyte med någon annan, vet ifall det den personen sänder ut är av värde för dig. Du kommer att veta huruvida du vill bjuda in honom eller henne i din erfarenhet.

Hur attraherar offret rånaren?

Jerry: Jag kan förstå att rånare attraheras till dem de rånar, men det är svårt att se oskyldiga offer (som de kallas) attrahera rånet, eller personen som diskrimineras själv attrahera fördomen.

Abraham: Men det gör de. Den angripna och angriparen samskapar händelsen.

Jerry: En av dem tänker alltså på det han inte vill och får det, medan den andra tänker på det han vill, och får (vibrationsessensen av) det. Är de, med andra ord, varandras vibrationslike?

Abraham: Detaljerna är inte det viktiga; det är vibrationsessensen hos ämnet för uppmärksamheten som attraheras. Det ni verkligen, verkligen vill, får ni – och det ni verkligen, verkligen inte vill, får ni.

Det enda sättet att undvika att utveckla en känslomässigt stark tanke beträffande något, är genom att låta bli att tänka den första, inte särskilt starka tanken som attraktionslagen sedan bygger vidare på.

Låt oss säga att du läser i tidningen att någon har blivit rånad. Om du inte läser en detaljerad redogörelse som väcker starka känslor inom dig, behöver det faktum att du läser eller hör talas om händelsen inte betyda att du befinner dig i ett attraktionsläge. Men om du läser om händelsen eller ser reportage om den på tv eller diskuterar den med någon annan till dess att du börjar reagera känslomässigt på den, då drar du en liknande erfarenhet närmare dig själv.

När du hör statistiken över hur många procent av befolkningen som förväntas bli rånade i år, måste du inse att antalet är så högt och blir allt högre därför att så många människor stimuleras av tanken. Varningarna skyddar dig inte från rån, utan gör dem istället mer sannolika. De gör dig effektivt medveten om den stora förekomsten av rån, och uppmärksammar dig på dem om och om igen, till dess att du inte bara tänker på dem med känsla – utan till och med förväntar dig att bli rånad. Det är inte konstigt att du får så mycket av sådant som du inte vill ha – du skänker så mycket av din uppmärksamhet åt det …

Vi skulle rekommendera att du, om du hör talas om något liknande angrepp, säger: ”Det är deras erfarenhet. Jag väljer inte det.” Släpp sedan tanken på det som du inte vill vara med om och tänk på det du vill vara med om, för du får det du tänker på, vare sig du vill ha det eller inte.

Du trädde in i den här miljön tillsammans med så många andra därför att du ville få den underbara erfarenheten att samskapa. Från skaran av medmänniskor kan du locka till dig dem med vilka du vill skapa positiva saker, och från dem kan du attrahera de upplevelser du vill skapa. Det är inte nödvändigt, eller ens möjligt för dig, att gömma dig för eller undvika oönskade människor eller upplevelser – men det är möjligt att attrahera enbart de människor och upplevelser som tilltalar dig.

Jag bestämde mig för att förbättra mitt liv

Jerry: Jag minns att jag, som barn, var mycket sjuk och fysiskt väldigt klen. Men som tonåring bestämde jag mig för att bygga upp min kropp, vilket jag också gjorde. Jag lärde mig att försvara mig. Jag tränade kampsporter och blev mycket bra på självförsvar.

Från min tonårstid till dess att jag var 33 år gammal gick det sällan en vecka utan att jag var inblandad i vad vi brukade kalla en ”knytnävsfajt” och slog någon i huvudet. Under mitt trettiotredje år fattade jag en del viktiga beslut, efter att ha läst (i *The Talmudic Anthology*) om det kontraproduktiva i att utkräva hämnd, och ett av besluten var att sluta med det – och sedan dess har jag inte behövt slå till en enda människa. Med andra ord slutade alla de där provocerande människorna, som jag tyckte hackade på andra och muckade gräl med mig, att komma in i min erfarenhet från och med den dag då jag slutade strida (fysiskt och mentalt).

Abraham: Under ditt trettiotredje år förändrade du alltså inriktningen på din attraktion. Genom dina upplevelser och medan du utkämpade de där slagsmålen, vecka in och vecka ut, nådde du fram till flera slutsatser om vad du ville och inte ville. Även om du kanske inte var medvetet uppmärksam på det, blev du, för varje strid du upplevde, mer på det klara med att det var en upplevelse du inte ville ha.

Du tyckte inte om att bli illa behandlad; du tyckte inte om att behandla andra illa; och trots att du tyckte att du alltid hade goda skäl att slåss föddes tydliga tendenser inom dig. Boken du nämnde lyckades du attrahera på grund av de avsikterna. Och när du läste boken besvarade den frågan som hade formulerats inom dig på många nivåer av ditt väsen. Och när de svaren kom förtydligades en ny avsikt och en ny attraktionspunkt föddes inom dig.

Vad ligger bakom religiösa och rasistiska fördomar?

Jerry: Varför finns det fördomar?

Abraham: Det verkar ofta som om det finns personer som inte tycker om vissa karaktärsdrag hos andra, och som gör sig skyldiga till fördomar i sitt ogillande av dem. Vi vill poängtera att det inte enbart är den som anklagas för fördomar som ger upphov till dessa. Oftare är det den som känner sig diskriminerad som är den starkaste skaparen i upplevelsen.

Det väsen som upplever att andra inte tycker om honom – på grund av religion, ras, kön, social status eller vad det än är … oavsett vilken anledningen är att han känner sig diskriminerad – gör det därför att hans uppmärksamhet på ämnet fördomar drar till sig problemen.

Dras lika till varandra eller gäller ”motsatser attraherar”?

Jerry: Abraham, det finns ett talesätt som inte tycks stämma in på det jag har hört från er. Och det är att ”motsatser dras till varandra”. Det verkar skilja sig från det ni lär ut, eftersom ni talar om att ”det som är lika dras till vartannat”. Motsatser verkar ju faktiskt också dras till varandra, på så sätt att en utåtriktad man gärna gifter sig med en blyg kvinna, eller vice versa.

Abraham: Allt du ser och alla du känner sänder ut vibrationer, och de signalerna måste matcha innan någon attraktion kan äga rum. Även i en situation där folk förefaller vara olika måste det alltså finnas en dominerande grund av liknande vibrationer för att de ska vara tillsammans. Sådan är lagen. Inom alla människor finns det vibrationer från det de vill ha och vibrationer från frånvaron av det de vill ha och allting som kommer in i deras erfarenhet matchar alltid de dominanta vibrationerna. Utan undantag.

Låt oss introducera begreppet harmoni. När två är exakt lika kan deras intentioner inte fullföljas. Med andra ord är den som vill sälja något inte betjänt av att attrahera en annan säljare. Men genom att attrahera en köpare uppstår harmoni.

Den blyge mannen attraherar en utåtriktad kvinna eftersom hans avsikt är att vara mer utåtriktad, så att han i själva verket attraherar ämnet för sin avsikt.

En magnetiserad stekpanna, som i huvudsak består av järn, attraherar ett annat föremål som består av järn (till exempel en bult eller en spik eller en annan järnpanna), men attraherar inte en panna tillverkad i koppar eller aluminium.

När du ställer in din radiomottagare på frekvensen 98,7 FM kan du inte fånga upp signalen på 630 AM som sänds ut från radiomasten. Frekvenserna måste matcha.

Det finns inga vibrationsbevis, någonstans i universum, som stödjer idén att motsatser attraherar. Det gör de inte.

Hur kan det som kändes bra nu kännas dåligt?

Jerry: Hur kommer det sig att människor som till slut attraherat något som de verkligen, verkligen ville ha, upptäcker att det, när det väl kommer, leder till en ytterst negativ situation. Att det vållar dem smärta.

Abraham: Ofta bestämmer människor vad de vill ha medan de befinner sig i ett utgångsläge som ligger långt ifrån det önskade. Men istället för att fokusera på sin önskning och öva på dess vibration till dess att de har uppnått vibrationsharmoni med sin sanna längtan – och sedan låta attraktionslagen sträcka sig ut i universum och föra perfekt matchande resultat till dem – blir de otåliga och försöker tvinga fram resultat med handling. Men när de handlar innan de har förbättrat sitt vibrationsinnehåll får de något som matchar deras aktuella vibration istället för något som matchar deras önskning.

Innan du har ställt in din vibration finns det ofta ett stort gap mellan den vibration du sänder ut och den du egentligen vill ha. Men utan undantag är det så att det som kommer till dig matchar vibrationen som du sänder ut.

Låt oss till exempel säga att en kvinna nyligen har lämnat ett dåligt förhållande, i vilket hennes partner har utsatt henne för både verbala och fysiska övergrepp. Hon ville det inte och tyckte inte om det. Faktum är att hon avskydde livet hon levde tillsammans med den personen. Från sitt ugångsläge att vara helt på det klara med vad hon inte vill, formulerar hon ett tydligt påstående om vad hon vill. Hon vill ha en partner som älskar henne och behandlar henne med vänlighet och respekt. Men hon känner sig osäker utan en partner och vill hitta en ny partner så snart som möjligt. Så hon går till ett välbekant ställe och träffar där en ny man som verkar vara trevlig. Men hon inser kanske inte att attraktionslagen fortfarande parar ihop henne med essensen av det som dominerar inom henne. Och just nu är det vibrationen från det som hon inte vill ha som dominerar, för de oönskade inslagen i hennes tidigare förhållande är mycket mer aktiva i hennes tankar än de nya föresatser hon har slagit fast. I sin iver att dämpa sina känslor av otrygghet skrider hon till handling och kastar sig in i det nya förhållandet - och får *mer* av det som dominerar i hennes vibration.

Vi skulle uppmuntra henne att gå långsammare fram och ägna mer tid åt att tänka på vad hon vill ha, tills de tankarna ligger till grund för hennes dominanta vibration. Sedan kan hon låta attraktionslagen föra fram en ny, underbar partner till henne.

Jerry: Okej, det låter rimligt. Det är ungefär som vi brukade säga: "De fick lite mer än de hade förväntat sig."

Abraham: Det är värdet med kreativ workshop-processen. När du sitter i din workshop och visualiserar alla underbara möjligheter du har, släpper fram känslan när du tänker på något som du verkligen vill uppnå och sedan jobbar med att hålla kvar fokus på det som känns bra, då slipper du det mesta av det oönskade. Du upptäcker att det du verkligen vill uppnå kan bli det som dominerar din vibration och slipper på så sätt överraskningar när attraktionslagen matchar de tankar du har övat in. I själva verket börjar du istället att känna igen (manifestationen av) de underbara saker du har sett för din inre syn.

Är allting sammansatt av tankar?

Jerry: Är allting och alla sammansatta *av* tankar eller *med* tankar? Eller ingetdera?

Abraham: Bådadera. Tankar kan genom attraktionslagen attraheras av andra tankar. Tanken är den vibration som attraktionslagen reagerar på. Tanken är stoffet, eller manifestationen, och det är också medlet genom vilket allting attraheras eller skapas.

Tänk dig världen som ett välfyllt kök, där varje ingrediens man kan tänka sig, överväga, uppfinna eller vilja ha, existerar i överflöd, i oändlig kvantitet; och tänk dig själv att du är en kock, som från hyllorna plockar ner vilken ingrediens som helst, i vilken kvantitet som helst, och blandar samman dem till den just en sådan kaka som du för tillfället vill ha.

Jag vill uppleva mer lycka, glädje och harmoni

Jerry: Tänk om någon skulle säga till er: "Abraham, jag vill vara gladare. Hur kan jag använda era läror för att attrahera mer glädje, lycka och harmoni i mitt liv?"

Abraham: Först skulle vi gratulera personen till att ha upptäckt den viktigaste önskningen av alla: sökandet efter glädje. För när du söker och finner glädje når du inte bara perfekt harmoni med ditt inre väsen och den-du-verkligen-är, utan befinner dig också i vibrationsharmoni med allt du önskar dig.

När glädjen är verkligt viktig för dig tillåter du dig inte att fokusera på sådant som inte känns bra – och resultatet av att uteslutande tänka tankar som känns bra blir att du skapar ett underbart liv fyllt med allt det du önskar dig.

När du hyser en genuin önskan att känna glädje, är lyhörd för dina känslor och därför kan vägleda dina tankar i riktning mot sådant som känns bättre och bättre, förbättrar du din vibration och når en attraktionspunkt som – genom attraktionslagen – enbart drar till sig sådant som du vill ha.

Nyckeln till ett lyckligt liv är att medvetet styra tankarna, men en önskan att känna glädje är den bästa planen av alla … för när man strävar efter glädje finner man de tankar som attraherar det underbara liv man vill ha.

Är det inte själviskt att önska sig mer glädje?

Jerry: En del skulle tycka att det var mycket själviskt att vilja vara lycklig hela tiden, som om det är något negativt att önska sig glädje.

Abraham: Vi anklagas ofta för att lära ut själviskhet, och vi håller alltid med. Visst, vi lär ut själviskhet, för man kan inte uppfatta livet ur något annat perspektiv än sitt eget. Själviskheten är förnimmelsen av självet. Det är bilden man har av sig själv. Oavsett om man fokuserar på sig själv eller på någon annan gör man det ur ett helt själviskt vibrationsperspektiv, och vad man än känner är det ens attraktionspunkt.

Så om du utifrån ditt perspektiv fokuserar på ett sätt som känns bra, då är din attraktionspunkt sådan att det du attraherar – med hjälp av attraktionslagen – tilltalar dig när det kommer.

Om du emellertid inte är självisk nog att fokusera på ett sätt som känns bra, utan fokuserar på något som känns dåligt, då är din attraktionspunkt sådan att du attraherar negativa saker – och du kommer inte att tycka om dem när de kommer.

Om du inte är självisk nog att bry dig om vad du känner och därför styr dina tankar på ett sådant sätt att du tillåter en sann förbindelse med ditt inre väsen, har du ändå inte något att ge till någon annan.

Alla är själviska. Det går inte att vara något annat.

Vilket är mest moraliskt, att ge eller att ta emot?

Jerry: Ni tycks alltså mena att det är lika rätt och glädjefyllt att ge som att ta emot. Med andra ord ser ni inte det ena som moraliskt överlägset det andra?

Abraham: Tack vare den mäktiga attraktionslagen är det ni ger – i form av era vibrationsutsändningar – alltid det ni får ta emot … Attraktionslagen sorterar alltid upp allting och ger var och en de matchande produkterna av deras tankar. När du tänker en tanke av välbefinnande får du alltså ta emot dess motsvarighet. När du sänder ut hatiska tankar kan attraktionslagen inte ge dig några kärleksfulla resultat. Det trotsar lagen.

Ofta när människor talar om att ge och att få, menar de handlingar eller materiella ting, men attraktionslagen reagerar inte på ord eller handlingar, utan på vibrationen som ligger till grund för orden eller handlingarna.

Låt oss säga att du uppmärksammar behövande människor. De kanske lider brist på pengar, transportmöjligheter eller mat. När du ser dem känner du sorg (eftersom du fokuserar på deras brist och aktiverar den bristen i din egen vibration) och från ditt utgångsläge av sorg erbjuder du dem handlingen pengar eller mat. Men vibrationen du sänder ut säger i själva verket: Jag gör det här för er, eftersom jag ser att ni inte kan göra det för er själva. Din vibration fokuserar på deras brist på välbefinnande och därför vidmakthåller din dominanta vibration deras brist, trots att du har erbjudit pengar eller mat med dina handlingar.

Vi vill uppmuntra dig att ta dig tid att föreställa dig de här människorna under bättre förhållanden. Träna på att tänka dig deras framgång och lycka. När den tanken dominerar din vibration kan du utföra den handling du inspireras till. När de utgör fokus för din uppmärksamhet kan din dominanta vibration i ett sådant fall attrahera en matchande vibration av välbefinnande från dem. Med andra ord lyfter du dem. Du hjälper dem att hitta en vibration som matchar deras önskan om välbefinnande istället för en vibration som matchar deras nuvarande situation. Enligt vår åsikt är det den enda sortens givande som har något värde.

Frågan är alltså inte: ”Vilket är överlägset, att ge eller ta emot?” Frågan är: ”Vilket är överlägset, att fokusera på det som är önskat eller på det som är oönskat?” ”Vilket är överlägset, att lyfta andra genom att tro på deras framgång eller att bidra till deras hopplöshet genom att notera deras belägenhet?” ”Vilket är överlägset, att stå i harmoni med sitt inre väsen och sedan handla, eller att befinna sig i disharmoni med det och sedan handla?” ”Vilket är överlägset, att bidra till någons framgång eller att bidra till någons misslyckande?”

Den största gåva du någonsin kan ge någon annan är gåvan att förvänta dig att han eller hon ska nå framgång.

Det finns lika många olika världar som det finns förnimmare, väsen eller individer. Ni är inte här för att skapa en värld där alla är lika, där alla vill ha och får samma sak. Ni är här för att vara det ni vill vara, medan ni tillåter alla andra att vara det som *de* vill vara.

Tänk om alla fick vad de ville ha?

Jerry: Låt mig spela rollen av djävulens advokat en stund. Om varenda en av alla själviska människor på den här planeten skulle få allt vad de ville ha, vilken röra skulle det inte bli då?

Abraham: Det vare sig är eller skulle bli någon "röra" alls. För genom attraktionslagen skulle de attrahera dem som befinner sig i harmoni med deras avsikter. Du förstår att det är en ytterst välbalanserad plats ni bor på. Det finns något av allting, i tillräckliga proportioner, i tillräckligt överflöd och i tillräcklig variation, så att ni kan få alla tänkbara ingredienser i det vidsträcka och fantastiska "kök" som ni har kommit hit för att arbeta i.

Hur kan jag hjälpa dem som plågas?

Jerry: Jag lever ett glädjefyllt och underbart liv, men blir ofta medveten om att många i min värld plågas. Vad kan jag göra för att bidra till att livserfarenheten blir smärtfri för *alla*?

Abraham: Du kan inte skapa i någon annans erfarenhet, för du kan inte tänka någon annans tankar … Det är tankarna de tänker, orden de uttalar eller handlingarna de utför som leder till det känslomässiga gensvaret (smärtan) från deras inre väsen. De skapar sin egen plåga genom att tänka på sådant som de inte vill uppleva eller uppnå.

Det du kan göra för dem är att vara en lycklig förebild. Bli ett väsen som bara tänker på det han vill ha; som bara talar om det han vill ha; som bara gör det han vill göra – och därför bara manar fram lyckliga känslor.

Jerry: Det kan jag klara. Jag kan fokusera på det jag vill, på glädjen, och jag kan lära mig att tillåta andra att ha de erfarenheter de själva skapar, vilka de än är. Skulle det alltså vara korrekt att säga att om jag fokuserar på deras smärtfyllda upplevelse ger jag upphov till smärta i min egen erfarenhet? Och sedan blir jag ett sådant exempel – ett exempel på en plågsam upplevelse.

Abraham: Låt oss säga att en man som känner smärta kommer in i ditt liv. När du ser honom plågas stiger det upp en önskan inom dig att han ska hitta en väg ut ur sin smärtfyllda situation. På så sätt skulle hans smärta bara snudda lätt vid dig medan du snabbt identifierar din önskan om en lyckosam lösning. Om du därefter riktar din odelade uppmärksamhet mot en sådan lösning på hans smärtfyllda situation, skulle du inte känna någon verklig smärta utan kanske bli en katalysator, som inspirerar honom till en reell lösning. Det är ett exempel på vad sann uppmuntran är. Men om du fokuserar enbart på hans smärta, eller på situationen som har gett upphov till den, aktiverar du en vibration inom dig som matchar den, så att även du börjar uppleva smärta, eftersom du attraherar något som du inte vill ha.

Är lösningen att vara en lycklig förebild?

Jerry: Är lösningen för mig att bara fortsätta att söka lycka för egen del? Att vara en förebild och låta andra – verkligen tillåta dem – att ha de upplevelser de själva väljer (på det sätt de själva väljer)?

Abraham: Du har inget annat val än att tillåta dem att ha den upplevelse de attraherar, för du kan inte tänka åt dem eller vibrera i deras ställe – och därför kan du inte attrahera för deras räkning.

Äkta tillåtelse är att upprätthålla sin egen balans och sin egen lycka, vad andra än gör. Fördelen du kan erbjuda dem är att välja dem som föremål för din uppmärksamhet under tiden som du upprätthåller din egen balans, förbindelsen med ditt inre väsen och harmonin med universums underbara livgivande resurser. Det drar de nytta av. Ju lyckligare du är när du har andra som föremål för din uppmärksamhet, desto större blir kraften hos ditt positiva inflytande.

Du vet att du har nått den punkt då du tillåter dem att bli, göra eller få vad de vill (eller inte vill), när du inte upplever några negativa känslor inför det, trots att du är medveten om att de själva gör det. När du är en tillåtare känner du glädje samtidigt som du iakttar alla andras upplevelse.

Du har kommit tillbaka till utgångspunkten med dina frågor för att hjälpa oss att förklara dessa tre lagar, som är så ytterst viktiga.

Attraktionslagen svarar på vibrationen från dina tankar.

När du medvetet sänder ut tankar som du har valt därför att de känns bra, tillåter du förbindelsen med ditt inre väsen, med den-du-verkligen-är. När du har kontakt med den-du-verkligen-är drar alla som du uppmärksammar fördel av det. Och i allt det upplever du, förstås, lycka!

Med tiden blir du så medveten om dina känslor och så skicklig på att avsiktligt sända ut tankar, att du befinner dig i ett tillstånd av positiv attraktion nästan hela tiden. Och då (först då), kan du känna dig tillfreds med att låta andra skapa som de vill. När du förstår att oönskade saker inte kan tvinga sig in i din erfarenhet, utan att allting bjuds in till dig och av dig genom det du tänker, känner du dig aldrig mer hotad av vad andra kan välja att uppleva, även om de står dig nära – för de kan inte vara en del av din erfarenhet.

Kan jag tänka negativt men ändå känna positivt?

Jerry: Hur kan vi rikta uppmärksamheten mot, eller tänka på, något som är negativt utan att få någon negativ känsloreaktion på det?

Abraham: Det kan ni inte. Vi skulle inte heller föreslå er att försöka. Att säga åt er att aldrig uppleva negativa känslor skulle vara som att säga, ”ha inget vägledningssystem – ägna inte någon uppmärksamhet åt ert känslomässiga vägledningssystem.” Och det är motsatsen till det vi säger. Vi vill att ni ska vara medvetna om era känslor och sedan styra era tankar så att ni känner lindring.

När ni fokuserar på en liten (negativ) tanke, känner ni en liten (oönskad) negativ känsla. Om ni är lyhörda för det ni känner och vill må bättre, förändrar ni tanken. Det är lätt att förändra den när det handlar om en liten tanke och en liten känsla. Det är mycket svårare att förändra den när den har vuxit till en stor tanke och därför också en stor känsla. I intensitet står känslan i proportion till den mängd tanke du har samlat på dig genom attraktionslagen. Ju längre du håller dig fokuserad på det du inte vill, desto större och starkare blir tanken. Men om du är lyhörd för dina känslor och snabbt drar tillbaka uppmärksamheten från ett oönskat objekt, känner du dig bättre till mods och slutar att attrahera det oönskade objektet.

Ord för att förstärka välbefinnandet

Jerry: Kan ni ge oss några förslag på vad vi kan säga för att attrahera olika saker, till exempel perfekt hälsa …?

Abraham: *Jag vill ha perfekt hälsa! Jag tycker om att må bra. Jag njuter av den sköna känslan i min kropp. Jag har många positiva minnen av att känna mig frisk och stark. Jag ser många människor som uppenbarligen har god hälsa och det är lätt att se hur mycket de njuter av sin kropp. När jag tänker sådana tankar känns det bra. De här tankarna befinner sig i harmoni med en frisk kropp.*

Jerry: Något om ekonomisk framgång, då?

Abraham: *Jag vill få ekonomisk framgång! Det finns så många fantastiska, lättillgängliga saker i vår underbara värld, och ett ekonomiskt välstånd öppnar dörren till många av dem. Eftersom attraktionslagen reagerar på mina tankar har jag bestämt mig för att först och främst* *fokusera på det överflöd som är möjligt, eftersom jag förstår att det bara är en fråga om tid innan mina tankar på välstånd matchas av ett flöde av ekonomisk framgång. Eftersom attraktionslagen skänker mig föremålet för min uppmärksamhet, väljer jag överflöd.*

Jerry: Och underbara relationer?

Abraham: *Jag vill ha underbara relationer. Jag uppskattar verkligen trevliga, smarta, roliga, handlingskraftiga och stimulerande människor och jag älskar att veta att det finns fullt av dem på den här planeten. Jag har träffat så många intressanta människor, och jag älskar att utforska de fascinerande personligheterna hos människorna jag möter. Ju mer jag njuter av andra människor, desto fler som jag kan njuta av tycks komma in i min erfarenhet. Jag älskar de här stunderna av samskapande.*

Jerry: Hur är det med positiva icke-fysiska erfarenheter?

Abraham: *Jag vill attrahera dem som befinner sig i harmoni med mig, fysiska och icke-fysiska. Jag fascineras av attraktionslagen och tröstas av vetskapen om att jag, när jag mår bra, bara kan attrahera sådant som känns glädjande. Jag tycker om vetskapen om att grunden för det icke-fysiska är ren, positiv energi. Jag njuter av att använda mitt vägledande känslosystem för att stämma träff med den källan.*

Jerry: Och fortsatt, lycklig tillväxt?

Abraham: *Jag är ett tillväxtsökande väsen och det är hisnande att minnas att expansion inte bara är naturlig, utan oundviklig. Jag älskar att veta att lycka helt enkelt är ett val. Så eftersom expansionen är oundviklig väljer jag hela den – i glädje.*

Jerry: Och vad attraherar alla dessa saker?

Abraham: Ord leder inte till någon omedelbar manifestation av det ni ber om, men ju oftare ni säger dem, och ju bättre ni mår när ni gör det, desto renare eller mindre motsägelsefulla blir er vibration. Och snart fylls er värld av dessa saker som ni har talat om … Enbart ord attraherar inte, men när ni upplever känslor medan ni uttalar dem betyder det att vibrationen är stark – och att attraktionslagen måste svara på de vibrationerna.

Vilket är måttet på framgång?

Jerry: Vad betraktar ni som framgång? Vad skulle ni säga kännetecknar framgång?

Abraham: Att uppnå något som man önskar sig måste betraktas som en framgång, oavsett om det gäller en trofé, pengar, relationer eller saker. Men om man istället mäter sin framgång i hur stor glädje man känner, faller allt annat lätt på plats. För genom att finna lyckan finner man vibrationsharmoni med alla resurser i universum.

Du kan inte känna glädje medan du fokuserar på någonting oönskat eller på avsaknaden av något du önskar dig; därför befinner du dig aldrig i ett tillstånd av motsägelsefulla vibrationer medan du är lycklig. Och det är endast motsägelser i dina egna tankar och i din egen vibration som håller dig borta från det du vill ha.

Det roar oss att se majoriteten av människor ägna större delen av sitt liv åt att söka efter en regelsamling som kan utgöra en värdemätare på deras livserfarenhet, och åt att söka utanför sig själva efter någon som kan tala om för dem vad som är rätt och fel, trots att de själva har ett så sofistikerat, invecklat, exakt och lättillgängligt inre vägledningssystem.

Genom att vara uppmärksam på vart känslosystemet leder dig och genom att sträva mot den tanke som ger den bästa känsla du kan nå från ditt aktuella läge, ger du ditt större perspektiv möjlighet att hjälpa dig att färdas i riktning mot det du verkligen vill.

När du granskar de magnifika kontrasterna i din fysiska verklighet av tid och rum, medvetet uppmärksam på vad du känner, och avsiktligt låter tankarna sträva mot det som känns bättre och bättre, kan du med tiden se tillvaron genom ditt mer vidsträcka, inre väsens ögon. Och när du gör det känner du tillfredsställelsen i att befinna dig på den väg som ditt icke-fysiska perspektiv valde när du fattade beslutet att träda in i din underbara kropp. För ur ditt icke-fysiska perspektiv insåg du att ständig utveckling låg i ditt väsens natur och att den kontrasterande miljön i frontlinjen rymde stora löften. Du förstod naturen hos ditt magnifika vägledningssystem och hur du, med övning, skulle kunna se den här världen på samma sätt som ditt inre väsen ser den. Du förstod den mäktiga attraktionslagen och med vilken rättvisa och exakthet den förverkligar alla skapares fria vilja.

Genom att sträva mot den bästa känsla du kan hitta öppnar du förbindelsen med det perspektivet, och du kommer att rysa av välbehag när du återfår kontakten med ditt syfte, med din livslust och med *dig!*

DEL III

Läran om avsiktligt skapande

Läran om avsiktligt skapande: definition

Jerry: Abraham, ni har talat med oss om *avsiktligt skapande*. Skulle ni vilja förklara dess värde för oss och förtydliga vad ni menar med avsiktligt skapande?

Abraham: Vi har kallat det *läran om avsiktligt skapande*, för vi förmodar att ni vill skapa med avsikt. Men i själva verket är *skapelselagen* ett bättre namn, för den verkar både när ni tänker på det ni vill ha och när ni tänker på det ni inte vill ha. Oavsett om ni tänker på det ni vill ha eller på frånvaron av det ni vill ha (riktningen på tankarna är ert eget val) verkar skapelselagen på det ni tänker på.

Ur ert fysiska perspektiv består den här skapelseekvationen av två viktiga led: tankeutsändning och förväntan – en önskan om att skapa och tillåtelsen av skapelsen. Ur vårt icke-fysiska perspektiv upplever vi båda leden i ekvationen samtidigt, för det finns inget gap mellan det vi önskar oss och det vi fullt ut förväntar oss.

De flesta människor är omedvetna om kraften hos sina tankar, om sitt väsens vibrationsnatur och om den mäktiga attraktionslagen, så de ser enbart till handling för att åstadkomma det de vill. Vi håller visserligen med om att handling är en viktig komponent i den fysiska värld ni är fokuserade i, men det är inte genom handling som ni skapar er fysiska verklighet.

När ni förstår vilken makt tankarna har och tränar på att sända ut dem medvetet, upptäcker ni vilken stark (skapelse-)kraft som finns bara i önskningen och tillåtelsen. När ni banar väg för skapelsen eller känner positiv förväntan när ni tänker på den, krävs det långt mindre handling, och den är dessutom mycket mer tillfredsställande. Om ni inte tar er tid att ställa in era tankar, krävs det mycket mer handling, utan de tillfredsställande resultaten.

Era sjukhus är fyllda till brädden av människor som nu agerar för att kompensera för olämpliga tankar. De skapade inte sjukdomarna med flit, men de skapade dem – med tankar och förväntningar – och sedan åkte de till sjukhuset för att kompensera det med fysisk handling. Vi ser många människor som ägnar sina dagar åt att byta handlingar mot pengar, eftersom pengar är mycket viktiga för att vara fri i det här samhället. Men i de flesta fall är handlingen inte någon handling i glädje. Det är ett försök att kompensera för missriktade tankar.

Du har föresatt dig att handla; det tillhör de underbara möjligheterna i den fysiska värld du lever i. Men du har inte föresatt dig att utföra ditt skapande genom fysisk handling – du avsåg att använda din kropp enbart för att njuta av det som du skapade med tankens kraft.

När du sänder ut en tanke före dig och upplever en positiv känsla, har du utfört din skapelse. Sedan går du genom rum och tid mot framtiden, då den tar form, med en förväntan om att finna den där … och av den glädjefyllda skapelse du har sänt in i din framtid blir du inspirerad till en handling som är en handling i glädje.

När du handlar i ditt nu och det inte är någon handling i glädje, kan vi lova dig att det inte leder till något lyckligt slut. Det kan det inte; det trotsar lagen.

Istället för att vara så snabb med att skrida till handling för att få det du vill ha, säger vi att du ska tänka fram det; se det, visualisera det och förvänta dig det – och då blir det verklighet. Och du får vägledning, inspiration och styrning till den perfekta handling, som sätter igång processen som leder dig till det du söker … och det är stor skillnad mellan det vi nu har sagt och hur de flesta människor i världen bär sig åt.

Jag bjöd in det genom att tänka på det

Ofta när vi förmedlar vår kunskap om det avsiktliga skapandets process till våra fysiska vänner möter vi motstånd, för det finns de som har upplevt sådant i sitt liv som de inte vill ha där. När de hör oss säga att "allt bjuds in av er", protesterar de och säger: "Abraham, jag skulle aldrig ha bjudit in det här, för jag vill inte ha det!"

Vi är därför angelägna om att ge er den här informationen för att hjälpa er att förstå hur ni får det ni får, så att ni kan bli mer medvetna i er attraktion och avsiktligt attrahera de saker ni vill ha – medan ni undviker att attrahera det ni inte vill ha.

Vi vet att ni inte bjuder in, attraherar eller skapar sådana saker med flit. Men vi vill tala om för er att ni är inbjudaren, attraheraren och skaparen av det … Ni gör det genom att skänka det era tankar. Av nonchalans sänder ni ut tankar, som besvaras av lagar som ni inte förstår och leder fram till resultat som ni inte förstår. Det är därför vi har trätt fram: för att berätta för er om de universella lagarna, så att ni kan förstår hur ni får det ni får, så att ni kan förstå hur ni kan få medveten kontroll över ert liv.

De flesta fysiska väsen är så fullständigt integrerade i sin fysiska värld att deras medvetenhet om förhållandet med den icke-fysiska världen är ytterst dålig. Om du till exempel vill ha ljust i ditt sovrum går du fram till den lilla sänglampan, trycker på strömbrytaren och ser ljuset flöda över rummet. Du kanske förklarar för någon annan att "strömbrytaren ger upphov till ljuset". Men du inser, utan att vi förklarar det, att det ligger mycket mer än så bakom orsaken till att det kommer ljus. Så är det med allt det du upplever i din fysiska miljö. Du förklarar bara en bråkdel av det som får saker och ting att hända. Vi är här för att förklara resten för dig.

Du har trätt in i din fysiska dimension från ett mer vidsträckt, icke-fysiskt perspektiv med en avsikt och ett syfte. Du har kommit hit för att du så gärna ville få den här fysiska erfarenheten. Det här är inte den första. Du har upplevt många fysiska och icke-fysiska livserfarenheter. Och du har trätt in i just detta väsen därför att du vill bygga på utvecklingen av det som är ditt sanna jag – det väsen som du kanske inte känner just nu, genom din kropp och dina fysiska sinnen … den mer omfångsrika, expansiva, tillväxtsökande, glädjesökande, utvecklande delen av dig.

Mitt inre väsen kommunicerar med mig

Vi vill hjälpa dig att minnas att du skapar din egen erfarenhet och att det ligger en oerhört stor glädje i att göra det medvetet. Vi vill hjälpa dig att minnas din relation med den icke-fysiska delen av dig, med ditt inre väsen, som är medvetet om dig och engagerad i allt du gör.

Du minns inte detaljerna i det du upplevde innan du trädde in i din fysiska kropp, men ditt inre väsen är fullt medvetet om allt du har blivit, och det erbjuder dig ständigt information som kan hjälpa dig att leva så lyckligt som möjligt, varje ögonblick i tiden.

När du gick in i ditt nuvarande liv tog du inte med dig minnet av det du hade upplevt tidigare, för de detaljerna skulle bara distrahera dig från kraften i ditt nu. Men tack vare relationen med ditt inre väsen har du tillgång till kunskapen om det större perspektivet, eller ditt totala jag. Den mer vidsträckta, icke-fysiska delen av dig kommunicerar med dig och har gjort så från den dag då du trädde in i din fysiska kropp. Kommunikationen äger rum på många olika sätt – men alla får ta emot grundläggande kommunikation i form av känslor.

Varje sinnesstämning känns bra … eller dålig

Varje sinnesstämning du upplever är, utan undantag, kommunikation från ditt inre väsen, som låter dig veta, stund för stund, hur det ställer sig till det du tänker, säger eller gör. När du alltså tänker en tanke som inte befinner sig i vibrationsharmoni med dina övergripande avsikter, reagerar ditt inre väsen med en negativ känsla. När du gör eller säger något som inte står i vibrationsharmoni med den-du-verkligen-är och det du vill, reagerar ditt inre väsen med en negativ känsla. På samma sätt gäller att när du talar, tänker eller agerar i riktning mot det som är i harmoni med dina avsikter, sänder ditt inre väsen ut en positiv känsla.

Det finns bara två sorters känslor: Den ena sorten känns bra och den andra dålig. Du kan ge dem alla möjliga olika benämningar, beroende på vilken situation som har framkallat dem. Men när du inser att ditt vägledningssystem (som finns inom dig i form av känslor) talar till dig från ditt mer vidsträckta, allomfattande perspektiv, förstår du att det förmedlar information från alla de avsikter du har idag och från alla de avsikter som följde med dig in i din fysiska kropp – och att du därför kan ta hjälp av alla detaljer i alla dina önskningar och uppfattningar för att fatta de absolut mest korrekta besluten i varje givet ögonblick.

Jag kan lita på min inre vägledning

Många människor har skjutit sin egen intuitiva vägledning åt sidan och ersatt den med föräldrars, lärares, experters eller diverse ledares åsikter. Men ju mer du ser till andra för att få vägledning, desto längre bort från dina egna kloka råd kommer du. Ofta när vi vill påminna våra fysiska vänner om vem-de-verkligen-är, och hjälpa dem att återfå kontakten med sitt inre vägledningssystem, känner de tvekan. De har övertygats om sin ovärdighet och om att de alltid har fel, och därför är de rädda för att lita till sig själva och sitt eget samvete, för de tror att det måste finnas någon annan som tydligare än de själva ser vad som är rätt för dem.

Men vi vill hjälpa dig att minnas vilket värdigt och mäktigt väsen du är och ditt skäl för att träda in i den här verkligheten av tid och rum. Vi vill att du ska minnas din avsikt att utforska kontrasterna i dessa underbara omgivningar, medveten om att det skulle föda en ständig ström av nya avsikter och föresatser; och vi vill att du ska minnas att ditt sanna jag – ditt inre väsen, ditt totala jag, din källa –

är lyckligt i den expansion som är ditt kännemärke. Vi vill att du ska minnas att du, med hjälp av dina känslor, stund för stund, kan märka ifall du ser din rådande situation utifrån ditt större perspektiv eller ifall du skärmar av dig själv från källan genom att välja tankar av en annan natur. När du med andra ord känner kärlek betyder det att du ser föremålet för din uppmärksamhet på samma sätt som ditt inre väsen ser det. När du känner avsky ser du det utan den inre förbindelsen.

Du visste intuitivt allt detta, speciellt när du var yngre, men som de flesta gav du antagligen successivt efter för envisheten hos de äldre och självpåtalat "klokare" människor som omgav dig och som kämpade hårt för att övertyga dig om att du inte kunde lita på dina egna impulser.

Därför vågar de flesta fysiska väsen inte lita på sig själva, vilket är häpnadsväckande för oss, för det som kommer inifrån er själva är det enda ni kan lita på. Istället ägnar ni större delen av er fysiska livstid åt att söka efter normer, eller efter någon grupp av människor (en religiös eller politisk grupp, till exempel), som kan tala om för er vad som är rätt och fel. Sedan ägnar ni resten av er fysiska erfarenhet åt att försöka slå in er "fyrkantiga kloss" i någon annans "runda hål" och försöka få de gamla levnadsreglerna – ofta sådana som skrevs tusentals år före ert eget liv – att passa in i den nya livserfarenheten. Resultatet ser vi oftast som frustration och, i bästa fall, förvirring. Vi har också noterat att många människor dör varje år medan ni tvistar om vilken uppsättning av normer som är bäst. Vi säger till er: En sådan övergripande, allomfattande, oföränderlig uppsättning normer existerar inte – för ni är ständigt föränderliga, tillväxtsökande väsen.

Om ert hus började brinna och brandmännen kom med sin bil – ett sådant där fantastiskt fordon med långa slangar att spruta vatten med – och sprutade vatten över hela ert hus och släckte flammorna, skulle ni säga: "Just så ska man göra." Men om samma brandmän skulle komma en annan dag, när det inte brann, och spruta vatten över hela ert hus, skulle ni säga: "Så ska man absolut *inte* göra!"

Så är det med lagarna ni stiftar i relation till varandra: De flesta av era tidigare lagar och regler är olämpliga att tillämpa på det liv ni nu lever. Om ni inte hade haft för avsikt att växa skulle ni inte befinna er här i er fysiska livserfarenhet. För ni är här i egenskap av expanderande, föränderliga, tillväxtsökande väsen, eftersom ni vill bygga vidare på er egen förståelse. Och ni vill bygga vidare på allt-som-är … Om det som ni räknade ut för länge sedan var det ultimata, då skulle det inte finnas några skäl till er existens idag.

Hur får jag det jag får?

Till en början tas vårt ihärdiga påstående att ni skapar er egen verklighet emot med glädjefylld acceptans, för de flesta människor längtar efter att få kontroll över sin egen erfarenhet. Men när ni inser att allt det som kommer till er attraheras av era egna tankar (ni får det ni tänker på, vare sig ni vill ha det eller inte), blir ni kanske illa till mods över den, som det verkar, överväldigande uppgiften att övervaka tankarna, sortera dem och bara sända ut dem som ger upphov till sådant som ni verkligen vill ha.

Vi uppmuntrar er inte att övervaka era tankar, för vi håller med om att det skulle vara oerhört tidsödande och ohanterligt. Vi rekommenderar istället att ni medvetet utnyttjar ert vägledningssystem av känslor.

Om man är uppmärksam på vad man känner, då är det inte nödvändigt att övervaka tankarna. Så snart du känner dig väl till mods vet du att du, i den stunden, talar, tänker eller handlar i enlighet med dina intentioner - och att du, när du upplever dåliga känslor, inte befinner dig i harmoni med dina intentioner. Så snart det finns en negativ känsla närvarande inom dig felskapar du, kort sagt, antingen genom din tanke, dina ord eller din handling.

Kombinationen att vara mer medveten om vad du vill, tydligare i dina avsikter och mer lyhörd för dina känslor är, i grund och botten, vad processen med avsiktligt skapande går ut på.

Jag är den enda skaparen av min erfarenhet

Den stora fråga som brukar komma upp i det här skedet av diskussionen är: ”Abraham, hur vet jag att jag kan lita på det som kommer från mitt inre? Finns det ingen större än jag som skapar alla regler och vill att jag ska bli eller göra något specifikt?” Vi svarar att *du* är den som skapar din erfarenhet och du har trätt in i den här fysiska kroppen med hjälp av kraften hos din önskan. Du är inte här för att bevisa att du är värdig någonting; du är inte här därför att du söker högre frälsning på något annat plan. Du är här därför att du har ett specifikt syfte med att vara här. Du vill vara en avsiktlig skapare och du har valt den här fysiska dimensionen, med tid och rum, för att finjustera din förståelse och därefter få uppleva fördelarna med det dina tankar har skapat genom att släppa in det i din fysiska erfarenhet. Genom att du utsätter dig för den här upplevelsen och genom att du expanderar bidrar du till universums expansion, och allt-som-är kan dra nytta av din existens.

Allt du gör tilltalar det du försöker tilltala. Det finns ingen lista över sådant som är rätt och en lista över sådant som är fel – det finns bara sådant som går i linje med din sanna avsikt och ditt sanna syfte och det som inte gör det. Du kan lita på att den vägledning som kommer inifrån dig själv talar om för dig huruvida du befinner dig i harmoni med ditt tillstånd av naturligt välbefinnande.

Jag attraherar tankar med harmonierande vibration

Attraktionslagen ansvarar för mycket som är uppenbart i ert liv. Ni har myntat många fraser på grund av en partiell förståelse av den här lagen. Ni säger: ”Lika barn leka bäst.” Ni säger: ”Bättre och bättre dag för dag.” Ni säger: ”Som man bäddar får man ligga.” Men trots dessa uttryck är det få som verkligen förstår hur mäktig attraktionslagen egentligen är. Människor dras till varandra på grund av den. Varje omständighet och händelse är ett resultat av den … Tankar som liknar varandra i vibration dras magnetiskt till varandra på grund av den; människor som känner på ett visst sätt dras till varandra, som genom magnetism, tack vare den; till och med tankarna du själv tänker dras till varandra så att det som en gång var en ytterst liten och svag eller obetydlig tanke – genom ditt fokus på den – kan växa sig ytterst stark.

Tack vare attraktionslagen är var och en av er som en kraftfull magnet, som attraherar mer av det ni känner vid varje given tidpunkt.

Som vi tänker och talar skapar vi

Ingen annan skapar i din erfarenhet. Du gör alltihop själv och du får hela äran för det. När du iakttar din egen livserfarenhet och dina närståendes erfarenheter, vill vi att du ska förstå att det inte finns minsta bevis som motsäger de mäktiga lagar vi berättar om här. När du noterar den absoluta samstämmigheten mellan det du tänker och säger och det du får, stärks din förståelse för attraktionslagen och din önskan att använda dig av ditt inre känslosystem för att medvetet styra dina tankar. Naturligtvis får du också en långt större förståelse för andra människors liv. (Ibland kan det faktiskt vara enklare att upptäcka det här hos andra än hos sig själv.)

Har du lagt märke till att de som pratar mest om sjukdomar drabbas av fler och fler åkommor? Har du lagt märke till att de som talar om fattigdom får uppleva mer av den, medan de som talar om välstånd får mer av det? När du inser att dina tankar är magnetiska och att din uppmärksamhet på dem får dem att växa i styrka till dess att ämnet för tanken med tiden blir ämnet för din upplevelse, kan din vilja att rikta uppmärksamheten mot det du känner hjälpa dig att välja riktning på dina tankar mer medvetet.

Det är lätt att se hur attraktionslagen verkar när du är inbegripen i ett samtal med någon annan. Tänk dig till exempel att en vän till dig berättar om något som hon upplever och att du, eftersom du vill vara en god vän, fokuserar på det hon säger och lyssnar till hennes beskrivning av det som händer henne. Håller du kvar ditt fokus länge där kommer du att tänka på tillfällen då du själv varit med om något liknande och bidrar till samtalet med någon matchande berättelse, och på så sätt växer sig tankens vibration ännu starkare. Tillräcklig uppmärksamhet på dessa ämnen och tillräckligt med samtal om sådant du har upplevt, för med tiden in flera liknande upplevelser i ditt liv. Och när fler och fler tankar förs fram som är besläktade med detta, som du inte vill, märker du till slut att du helt omges av tankar, ord och upplevelser som går i riktning mot det du inte vill. (Du och din vän kommer nu att få ännu fler obehagliga situationer att berätta om för varandra.)

Om du hade varit lyhörd för vad du kände när samtalet först kom in på det oönskade ämnet, skulle du har märkt obehagskänslan i maggropen. Du skulle ha märkt att din inre vägledning sa något i stil med: Du tänker och talar om sådant som du inte vill uppleva. Och anledningen till den varningssignalen, den "varningsklockan", var disharmonin mellan ditt sanna jags önskan och det du fokuserade på i just den stunden. Känslorna visar att du är inne på fel väg. Din inre vägledning varnar dig för det faktum att du, när du tänker på och talar om oönskade saker, är en magnet som attraherar omständigheter, händelser och andra väsen, så att du snart får uppleva essensen av just det du har talat om men som du inte vill ha.

På ett liknande sätt dras dina tankar mot det du vill ha när du talar om något sådant. Du lockar till dig personer som vill prata om samma sak som du. Och hela tiden sänder ditt inre väsen ut en positiv känsla för att låta dig förstå att du befinner dig i harmoni med – och att det du attraherar befinner sig i harmoni med – essensen hos dina avsikter.

Den fina balansgången mellan *vilja* och *tillåta*

Läran om avsiktligt skapande är en välbalanserad lag. Den består av två led: På den ena sidan finns tanken på det du vill ha. På den andra finns din förväntan eller tro på – eller tillåtelsen av din erfarenhet – det du skapar med din tanke.

Om du alltså säger, "jag vill ha en ny, röd bil", har du bokstavligen, med din tanke, sått fröet till att frammana en ny röd bil i din erfarenhet. Ju mer uppmärksamhet du skänker tanken, och ju bättre du lyckas föreställa dig den röda bilen i ditt liv, desto mer upprymd över den blir du. Och ju mer upprymd du blir, eller ju fler positiva känslor som åtföljer tankarna på din röda bil, desto snabbare dyker den upp i din erfarenhet. När du väl har skapat den med tankens hjälp och när du väl har känt starka, positiva känslor när du tänker på den, rör sig bilen snabbt mot din verklighet. Den har skapats, den existerar, och för att få uppleva den behöver du nu bara tillåta den. Och det gör du genom att förvänta dig den, genom att tro på den och genom att låta den bli verklighet.

När du tvivlar på din förmåga att förverkliga den nya röda bilen, kväver du din egen skapelse. Om du säger, ”jag vill ha en ny, röd bil”, påbörjar du skapelsen av den, men om du sedan lägger till, ”*men*, den är för dyr”, håller du dig själv åtskild från din skapelse. Med andra ord har du klarat av det första ledet i skapelsen av det du vill ha, men förhindrat att den fullföljs genom att inte tro på den, inte förvänta dig den och inte tillåta den. För att din skapelse ska komma till uttryck i din fysiska verklighet är nämligen båda leden i processen nödvändiga.

Bara för att du pratar om din skapelse betyder det inte nödvändigtvis att du tillåter den. När du tänker på din nya röda bil och känner spänd förväntan, tillåter du den. Men när du tänker på din nya röda bil samtidigt som du oroar dig för att inte få den (eller känner frustration över att den inte har blivit din än), är du i själva verket fokuserad på frånvaron av bilen, och tillåter den därför inte i din erfarenhet.

Ibland befinner man sig, i ett tidigt skede av skapandet av något man vill ha, på rätt väg för att ta emot det, eftersom man känner spänning och positiv förväntan, men så berättar man om sin önskan för någon annan, som börjar dra alla skäl till varför önskningen inte kan slå in eller inte borde slå in. Vännernas negativa inflytande tjänar dig illa, för när du fokuserar på essensen av din önskning attraherar du den, men nu när du fokuserar på frånvaron av det du önskar dig, skjuter du det ifrån dig.

Hur känns det, bra eller dåligt?

När du säger, ”Jag vill ha en ny, röd bil och jag vet att den kommer”, gör den också det. Om du däremot säger, ”Men var är den någonstans? Jag har väntat så länge. Jag trodde på Abraham, men jag får inte det jag vill ha.” Nu fokuserar du på frånvaron av det du vill ha och du får, med attraktionslagens hjälp, det du fokuserar på.

Om du fokuserar på det du vill ha, attraherar du det du vill ha. Om du fokuserar på frånvaron av det du vill ha, attraherar du mer av frånvaron. (Varje ämne är i själva verket två ämnen: det du vill ha och avsaknaden eller frånvaron av det.) Om du är uppmärksam på dina känslor vet du alltid ifall du är fokuserad på det du vill ha eller på avsaknaden av det – för när du tänker på det du vill ha känns det bra och när du tänker på frånvaron av det du vill ha känns det obehagligt.

När du säger, ”Jag vill ha pengar för att bekosta min livsstil”, attraherar du pengarna, men när du fokuserar på det du vill ha som du inte har, när du noterar bristen på pengar – skjuter du ditt överflöd ifrån dig.

Övning för att underlätta avsiktligt skapande

Här följer en övning som kan hjälpa dig i ditt avsiktliga skapande:

> *Ta tre ark papper och skriv upp något som du vill ha överst på vart och ett av arken. Ta nu det första arket och skriv under önskningen:* ”Skälen till att jag vill ha det här är följande …” *Skriv ner alla skäl du kommer på – skriv det som otvunget flödar fram; försök inte tvinga fram något. När du inte kommer på något mer är du färdig för tillfället.*
>
> *Vänd nu på papperet och skriv på andra sidan:* ”Skälen till att jag tror att jag kommer att få det här är följande …”

Den första sidan förstärker det du vill ha (första ledet i det avsiktliga skapandets ekvation). Den andra sidan stärker din tro på att du kommer att få det (det andra ledet i det avsiktliga skapandets ekvation). Nu när du har fokuserat på och aktiverat båda sidorna av ekvationen i din vibration befinner du dig i ett sådant tillstånd att du kan ta emot uttrycket för din önskan, för du har framgångsrikt genomfört den kreativa processens båda sidor. Allt som behövs nu är att du vill ha det – och fortsätter att vilja ha det tills det har kommit – och då är det ditt.

Det finns ingen gräns för hur många saker du kan skapa samtidigt, för det är inte svårt att önska något och samtidigt förvänta sig att få det. Men i början, medan du fortfarande lär dig att fokusera dina tankar, kan det underlätta att medvetet koncentrera sig på två eller tre önskningar i taget, för ju längre listan är över saker du jobbar med, desto större är risken att tvivel smyger sig på när du ser allt det du ännu inte har förverkligat. Ju mer du spelar spelet, desto bättre blir du på att fokusera dina tankar och till sist har du ingen anledning att begränsa din lista på något sätt.

Innan du upplever något i ditt fysiska liv måste du ägna dina tankar åt det. Tanken är själva inbjudan, och utan den får du inte det du vill ha. Vi uppmuntrar alla att *medvetet* besluta vad de önskar sig och sedan att *medvetet* tänka på de saker de vill ha medan de *medvetet* låter bli att tänka på sådant de inte vill ha. Och med detta förslag uppmuntrar vi dem också att avsätta lite tid varje dag åt att *medvetet* samla tankarna till en sorts vision över vad de vill uppleva i sitt liv, och vi har kallat denna tid för *workshop för avsiktligt skapande.*

Under din dag kan du ha som föresats att lägga märke till sådant som du tycker om: Idag är min dominerande avsikt att, vad jag än gör och vem jag än gör det med, hålla ögonen öppna efter sådant som jag tycker om. Och när du medvetet samlar på dig sådana data får du de tillgängliga resurser du behöver för att kunna skapa effektivt i din kreativa workshop.

Tankar som väcker starka känslor kommer snabbt till uttryck

Vi har talat om att dina tankar är magnetiska. Men vi vill klargöra en sak: Trots att varje tanke har kreativ potential tar det lång tid för tankar som inte åtföljs av starka känslor att förverkligas. När det gäller tankar som väcker starka känslor hos dig – vare sig det är positiva eller negativa känslor – manifesteras de snabbt i din fysiska erfarenhet. Och den känsla du upplever förmedlas från ditt inre väsen, som låter dig veta att du nu har tillgång till universums krafter.

Om du och en god vän går och ser en skräckfilm befinner ni er mitt i en negativ workshop medan ni sitter inne på biografen och tittar på filmduken och alla skrämmande, intensiva detaljer. För när man ser allt det man inte vill se, är känslan man upplever ens inre väsen som säger: Du betraktar något som är så levande och intensivt att universum sänder in kraft i det.

Men när du lämnar biografen brukar du som tur är oftast säga: ”Det är bara film.” Alltså förväntar du dig inte att det du uppmärksammat ska bli verklighet. Du tror inte att det ska hända dig, så du fullföljer inte det andra ledet i ekvationen. Du har tänkt tanken med känsla och alltså har du skapat det, men du släpper inte in det i din verklighet, eftersom du egentligen inte förväntar dig det. Men om din vän, när ni lämnar bion, säger: ”Det är visserligen bara en film, men det hände mig en gång.” Då kan du börja tänka på det och när du gör det kan du komma att tro eller förvänta dig att något liknande också kan hända dig – och då gör det det. Att å ena sidan tänka på något och å andra sidan förvänta sig det eller tro på det, är den balans som ger dig det du får ta emot.

Om du vill ha det och förväntar dig det blir det ditt mycket snabbt. Det är emellertid inte ofta det råder fullständig balans mellan det du vill ha och det du förväntar dig. Ibland är din vilja mycket stark, medan din tro inte finns där alls. I berättelsen om mamman vars barn ligger fastklämt under en bil tror hon till exempel inte att hon kan lyfta det tunga fordonet, men hennes vilja är så extrem att hon ändå lyckas göra det. Å andra sidan finns det många exempel på att tron är stark, medan viljan inte är det. Skapandet av en sjukdom, som cancer, är ett sådant exempel där din tro på att du kan drabbas är mycket stark, medan din vilja att bli det är obefintlig.

Många människor befinner sig i vad vi skulle kalla en negativ workshop många gånger per dag. När du sitter vid skrivbordet med en hög räkningar framför dig och känner oro eller till och med rädsla, eftersom det inte finns tillräckligt med pengar för att betala dem alla, är du i en negativ workshop. För när du tänker att du inte har tillräckligt med pengar, befinner du dig i en perfekt position för att skapa mer av det som du *inte* vill ha. Det du känner är signalen från ditt inre väsen som säger till dig att det du tänker inte befinner sig i harmoni med det du vill.

Sammanfattning av processen avsiktligt skapande

Låt oss nu sammanfatta det vi har delgett dig här, så att du kan göra upp en tydlig och bestämd plan för hur du medvetet ska ta kontroll över din livsupplevelse: För det första måste du medge att du är mer än du ser här i din fysiska kropp; och att det finns en större, klokare och i högsta grad äldre del av dig, som minns allt du har upplevt och, vilket är ännu viktigare, vet vad du är. Utifrån det allomfattande perspektivet kan den inre delen av dig ge tydlig och absolut information om det lämpliga i det du gör, säger eller tänker eller i det du står i begrepp att göra eller säga.

Om du är tydlig när du lägger fram dina aktuella avsikter kan ditt vägledningssystem arbeta ännu mer effektivt, för det har förmågan att innefatta alla data – som samlats under alla dina erfarenheter (alla dina önskningar, intentioner och övertygelser) – och jämföra det med det du gör eller står i begrepp att göra och på så sätt ge dig absolut vägledning.

Under dagens lopp måste du sedan vara lyhörd för dina känslor. Så snart du märker att du upplever en negativ känsla upphör du med det du gör som framkallar känslan, för en negativ känsla betyder att du är i färd med att skapa något negativt. Negativa känslor existerar bara när du felskapar. Så snart du märker att du upplever negativa känslor – oavsett varför, oavsett hur de uppstod, oavsett situation – sluta med det du gör och fokusera på något som känns bättre.

Öva på den avsiktliga skapelseprocessen i femton till tjugo minuter varje dag genom att sätta dig ner under tystnad, utan att bli störd eller distraherad av det som finns runt omkring dig, och dagdrömma om ditt liv, se dig själv som du vill vara och föreställa dig själv omgiven av sådant som tilltalar dig.

Uppmärksamhet på det-som-är skapar mer av det

Attraktionslagen reagerar på dig och på din attraktionspunkt – och din attraktionspunkt orsakas av dina tankar. Dina känslor orsakas av tankarna du tänker. Alltså blir dina känslor för dig själv din starka och mäktiga magnetiska attraktionspunkt. När du känner dig fattig kan du inte attrahera rik. När du känner dig tjock kan du inte attrahera smal. När du känner dig ensam kan du inte attrahera kamratskap – det trotsar lagen. Många runt omkring dig vill peka ut "verkligheten" för dig. De säger: "Blunda inte för verkligheten. Se det-som-är." Vi säger till dig att om du bara kan se det-som-är – då kommer du, i enlighet med attraktionslagen, bara att skapa mer av det-som-är … Du måste kunna tänka längre än så för att attrahera något annorlunda eller något mer.

Din känslomässiga uppmärksamhet på det-som-är rotar dig på den här platsen, som ett träd som slår rot, men en känslofylld (lycklig) vision av vad du skulle vilja attrahera för med sig förändringar. Mycket av det du nu upplever vill du fortsätta att uppleva, så skänk det uppmärksamhet även i fortsättningen, så håller du det kvar i din erfarenhet. Men allt som du inte vill ha måste du vända dig bort från.

Uppskattning attraherar det

Tankar som väcker känslor är de som snabbast ger upphov till förändringar. Tankar du tänker utan att uppleva några känslor håller kvar det som redan är. Det som du redan har skapat och som du uppskattar, kan du därför hålla kvar i ditt liv genom att fortsätta att uppskatta det. Men sådant som du ännu inte har, men som du vill ha mycket snart (och mycket gärna), måste du skänka tydliga, medvetna, avsiktliga och känsloframkallande tankar.

Ett extremt effektivt sätt att använda den kreativa workshoppen är att fundera över vilka aspekter du uppskattar hos de ämnen som känns viktigast för dig. För varje gång du går tillbaka till ett ämne ägnar du allt mer uppmärksamhet åt detaljer, och med mer tid och fler detaljer växer också dina känslor för ämnet i fråga. Använder du processen kreativ workshop på det här viset uppnår du allt som krävs för ett avsiktligt skapande, för du tänker på något som du vill ha och i dina uppskattande känslor tillåter du det du vill ha att komma till fysiskt uttryck i din erfarenhet. När du ofta besöker din kreativa workshop kan du så småningom märka ett tydligt inbördes förhållande mellan de saker du funderar över i workshopen och det som kommer till uttryck i ditt liv.

Fungerar de universella lagarna utan min tro?

Jerry: Abraham, de här lagarna ni talar om, de universella lagarna, fungerar de även om vi inte tror att de fungerar?

Abraham: Det gör de sannerligen. Du sänder ut en vibration även om du inte vet om att du gör det; det är därför det går att skapa oavsiktligt. Du kan inte stänga av din kreativa mekanism; den fungerar alltid, och lagarna svarar alltid. Att inte förstå dem är ungefär som att komma rakt in i ett spel som man inte kan reglerna till. Du är mitt uppe i spelet men förstår inte *varför* resultatet blir som det blir. Den sortens spel är frustrerande, och de flesta vill dra sig ur det.

Hur undviker jag att få det jag inte vill ha?

Jerry: Abraham, hur skulle ni förklara för människor hur de ska slippa få det de inte vill ha?

Abraham: Låt bli att tänka på det du inte vill ha. Ägna inga tankar åt det du inte vill ha – för med din uppmärksamhet attraherar du det. Ju mer du tänker på det, desto starkare blir tanken på det och desto fler känslor tränger fram. Men när du säger, "Jag tänker inte fundera mer på det ämnet", tänker du fortfarande på det. Knepet är alltså att tänka på något annat – något du vill ha. Med övning kan du med känslornas hjälp avgöra ifall du tänker på något som du vill ha eller på något som du inte vill ha.

Vårt civiliserade samhälle verkar fattigt på glädje

Jerry: Vi lever i vad jag skulle kalla ett ytterst civiliserat samhälle och sett ur ekonomiska och materiella perspektiv klarar vi oss relativt bra, men ändå ser jag inte mycket glädje hos människorna som omger mig ute på gatan, i olika affärssammanhang eller på andra ställen. Beror det på de faktorer som ni talar om … att de har svag vilja men stark tro?

Abraham: De flesta människor sänder ut huvuddelen av sina vibrationer som svar på det de iakttar. När de iakttar något som får dem att må bra känner de glädje, men när de iakttar något som får dem att må dåligt blir de helt enkelt olyckliga. De flesta tror inte att de har någon kontroll över vad de känner, eftersom de inte lyckas få någon kontroll över de förhållanden som ger upphov till känsloreaktionerna. Det är tron på en bristande kontroll över sin egen erfarenhet som bär det största ansvaret för den glädjebrist som du noterar. Och vi måste påminna dig om att ifall du fortsätter att notera andras brist på glädje – då försvinner även din egen.

Jag vill vilja med större lidelse

Jerry: Ni har också sagt att om viljan är stark och lidelsefull behöver tron inte vara fullt så stark. Hur bygger vi upp en lidelsefull önskan i den workshop ni talar om?

Abraham: Det måste finnas en begynnelsepunkt för allting. Många som har ett utbyte med oss säger: ”Abraham, jag hör det ni säger, men jag vet inte vad jag vill.” Då säger vi att de ska börja med att förkunna: Jag vill veta vad jag vill. För genom att lägga fram det påståendet blir man en magnet som attraherar alla möjliga data utifrån vilka man kan fatta sina beslut. Börja någonstans och låt attraktionslagen överlämna exempel och valmöjligheter till dig; och ju mer du funderar över valen, desto mer växer din lidelse.

Uppmärksamhet på ett ämne får det att växa sig starkare och därmed blir också känslan starkare. När du tänker på det du vill uppnå och fortsätter att lägga till detaljer till bilden av det, blir tankarna på det allt starkare. Men när du tänker på något du önskar dig, men därefter konstaterar att det inte har kommit än … och sedan tänker på hur roligt det blir att få det, men minns att det kostar mycket pengar och att du inte har råd med det … försvagar det här velandet fram och tillbaka lidelsen och saktar ner energin i dina tankar.

Kan jag befria mig från övertygelser som motarbetar mig själv?

Jerry: Kan man skapa i en speciell, önskad riktning, trots att man (av andra) har letts att tro att man är ödesbestämd att skapa i en annan riktning?

Abraham: Om viljan är stark nog skulle man kunna det. Om vi tar exemplet med mamman vi nämnde tidigare fick hon lära sig av samhället och av sin egen livserfarenhet att hon inte kunde lyfta en så tung bil, men när viljan var tillräckligt stark (när hennes barn var i fara), lyckades hon ändå göra det. Så om viljan är stark nog kan övertygelser åsidosättas.

Övertygelser är mycket mäktiga och förändras långsamt, men de kan förändras. När du strävar mot tankar som känns bättre och bättre, hittar dem och aktiverar dem, så att attraktionslagen reagerar på dem, då kommer din nya tillvaro med tiden att återspegla förändringarna i ditt tänkesätt. Om du håller fast vid idén att du bara kan tro på sådant som för närvarande bygger på "konkreta bevis", då kan ingenting förändras för dig, men när du inser att en omfokusering av tanken, och attraktionslagens respons på den nya tanken, för med sig nya bevis, då förstår du kraften i det avsiktliga skapandet.

Kan uppfattningar från tidigare liv påverka mitt nuvarande?

Jerry: Finns det tankar (eller uppfattningar) från något av mina tidigare liv som fortfarande ger eller skulle kunna ge upphov till vissa omständigheter i min nuvarande fysiska upplevelse?

Abraham: Du expanderar ständigt och ditt inre väsen är kulmen på allt du har upplevt. Ditt inre väsen inte bara tror på, utan känner din värdighet och ditt värde, så när du väljer tankar som stämmer överens med dem från ditt inre väsen, då känner du klarheten i den vetskapen.

Detaljer från tidigare fysiska erfarenheter påverkar emellertid inte den här. Det råder stor förvirring i den här frågan, och det beror till stor del på att det finns de som inte vill acceptera att de skapar sin egen erfarenhet. De säger: "Jag är fet i det här livet därför att jag svalt ihjäl i det förra." Vi säger: Det finns ingenting i tidigare livserfarenheter som påverkar det du gör nu, om du inte, på något sätt, har blivit medveten om det och nu riktar din uppmärksamhet mot det.

Kan mina negativa förväntningar påverka andras välbefinnande?

Jerry: När vi oroar oss för våra allra närmaste så till den grad att vi förväntar oss att något negativt ska drabba dem, kan vi, bara genom att grubbla över ett problem i deras liv, faktiskt vålla dem skada?

Abraham: Du kan inte orsaka skada i andras erfarenhet, eftersom du inte kan sända ut vibrationer – som utgör deras attraktionspunkt – i deras ställe. Men när du fokuserar på något så länge att tanken på det växer sig stark och ger upphov till starka känslor, då kan du påverka andras tankar beträffande det ämnet.

Kom ihåg att de flesta människor sänder ut sina vibrationer som svar på det de ser, så om de iakttar dig och ser din bekymrade min, eller noterar de oroliga kommentarer du fäller, kan de mycket väl börja tänka i riktning mot något som de inte önskar.

Om du vill vara till så stort värde som möjligt för andra, se dem som du vet att de vill vara. Det är den påverkan du vill utöva.

Kan jag komma ifrån tidigare programmering?

Jerry: Om sinnet har "programmerats" av andra till en viss övertygelse, och man inser att den övertygelsen inte längre är önskvärd, hur gör man sig kvitt den?

Abraham: Det finns två huvudsakliga hinder som påverkar dig negativt: Det ena är inflytande från andra; det andra är inflytande från dina egna gamla vanor ... Du har utvecklat vissa tankemönster, och det är mycket lätt att falla in i gamla vanor istället för att tänka en ny tanke som ligger i linje med den nya önskningen. Det är en fråga om att medvetet använda sig av en viss kraft, eller som ni säger, viljestyrka, för att styra uppmärksamheten i en ny riktning.

"Programmeringen" du syftar på är bara ett resultat av att du först har fokuserat på en sak och därefter på det som attraktionslagen har tillhandahållit som svar på ditt fokus, så att det du fokuserar på, vad det än är, växer sig starkare. En del av det du kanske kallar ”programmering” är bara en sund integrering i ditt nuvarande samhälle, men en del kan faktiskt hämma din personliga expansion. Med tid och övning lär du dig att se skillnaden, och vägleda dina tankar i riktning mot dina personliga val. Det är vad avsiktligt skapande i själva verket handlar om.

Är min kraftpunkt just nu?

Jerry: Abraham, det finns en fras i Sethböckerna som lyder: Din kraftpunkt finns i nuet. Vad betyder det för er?

Abraham: Oavsett om du tänker på någonting som sker just nu eller på något som har hänt i ditt förflutna, eller på något du skulle vilja se hända i din framtid – utför du själva tänkandet just nu. Du sänder ut din tankevibration i ditt nu, och det är den vibrationen, här och nu, som attraktionslagen alltid reagerar på; därför är det *nu* du har makten att skapa.

Det är också till god hjälp att medge för dig själv att känslan träder fram som svar på din aktuella tanke, oavsett om tanken rör det förflutna, nuet eller framtiden. Ju starkare känsla du upplever, desto större kraft finns i din tanke, och desto snabbare attraherar du det som matchar tankens inre väsen.

Du kanske kommer att tänka på ett gräl du hade med någon för flera år sedan, eller med någon som dog för tio år sedan, men när du minns grälet aktiverar du dess vibration *nu* och din aktuella attraktionspunkt påverkas av det *nu*.

Hur uppstod det första negativa?

Jerry: Jag har ofta undrat hur den första sjukdomen, eller den första negativa situationen uppstod. Är det sant att det första av praktiskt taget allting har uppstått genom tankar på det? Till exempel elektriskt ljus: Tanken kom alltså först och glödlampan därefter. Blir vårt avancemang mot fler sjukdomar eller mot goda och spännande saker bara ytterligare ett steg, eller ytterligare en tanke, längre än något som redan har tänkts tidigare?

Abraham: Allting – oavsett om du anser att det är bra eller dåligt – är bara nästa logiska steg från det läge där du befinner dig i just nu.

Du har rätt i att tanken kommer först. Först uppstår en tanke, sedan en tankeform och därefter manifestation. Din nuvarande situation är en erfarenhetsplattform som inspirerar nästa tanke, och sedan nästa.

När du inser att du kan välja mellan positiv förväntan och negativ förväntan, men att attraktionslagen i endera fallet skänker kraft åt tanken tills den slutligen kommer till fysiskt uttryck, kanske du vill bli mer medveten om riktningen hos dina tankar. Ingenting manifesteras någonsin på grund av din första, subtila tanke på det. Det krävs tid och uppmärksamhet för att ett ämne ska samla på sig tillräckligt med kraft för att ta fysisk form. Det är därför alla möjliga saker, både önskade och oönskade, ökar i antal. Med andra ord ökar både antalet sjukdomar och mängden sjuka i och med att människor fokuserar mer och mer på sjukdomar.

Är inte föreställning detsamma som visualisering?

Jerry: Abraham, hur skulle ni beskriva föreställningsförmågan? Vad innebär den för er?

Abraham: Att föreställa sig något är att blanda och omforma tankar i olika kombinationer. Det påminner om att iaktta något som händer, men när man föreställer sig något skapar man bilderna själv istället för att se på något som äger rum i den aktuella verkligheten. En del använder termen *visualisering*, men vi vill göra en subtil åtskillnad mellan dem: Visualisering är ofta bara ett minne av något man en gång har sett eller upplevt. Med *föreställning* menar vi att man avsiktligt för samman komponenter man väljer fritt för att skapa ett önskescenario inne i huvudet. Med andra ord fokuserar man i avsikt att framkalla positiva känslor. När vi använder ordet föreställning talar vi i själva verket om att medvetet skapa sin egen verklighet.

Jerry: Men hur kan någon visualisera eller föreställa sig något som de ännu inte har sett, till exempel en partner de skulle vilja ha, ett barn de skulle vilja föda eller ett yrke de inte vet något om?

Abraham: När du iakttar världen omkring dig, ska du medvetet samla på dig och begrunda sådana aspekter av livet som känns tilltalande. Lägg märke till det vackra leende som någon ger dig eller ett vackert hem som du besöker. Gör mentala noteringar eller skriv ner några ord om sådant du uppskattar, blanda sedan samman komponenterna inne i huvudet och skapa scenarier och versioner av livet som tilltalar dig. Sök inte efter perfekta förebilder, för du är unik och skapar din egen unika verklighet.

Med tiden kommer du att upptäcka, eller minnas, att en föreställningsförmåga av det här slaget leder till glädjande resultat i din fysiska verklighet. Dessutom är den både underhållande och rolig. När du börjar med att säga, ”Jag vill veta vad jag vill”, börjar du, i enlighet med lagen, att attrahera alla möjliga exempel. Medan du samlar på de data som kommer till dig låter du din dominanta avsikt, varje dag, vara att söka efter sådant du vill ha. Sedan kan du se dig omkring och hos andra upptäcka de karaktärsdrag eller egenskaper du skulle vilja se hos din egen partner eller arbetskamrat eller i ditt arbete. Den perfekta förebilden för dig existerar inte i något hänseende – den skapar du själv.

Ibland hör vi någon säga: ”Jag ville bli rik, och så träffade jag en man som var förmögen, men dessutom sjuklig och en dålig äkta make. Efter det associerade jag rikedom med dåliga äktenskap och dålig hälsa och ville inte längre vara rik.” Vi säger att ni bör samla på rikedomsdata om ni vill det – men utelämna den dåliga hälsan och det dåliga äktenskapet.

Jerry: Vi kan alltså visualisera att vi för samman alla de karaktärsdrag vi vill se hos den partner eller det barn eller det jobb vi önskar oss?

Abraham: Ja. Och det är egentligen poängen med workshoppen. Det är en plats att gå till, utan att bli distraherad, för att utforma bilder inne i huvudet.

Jerry: Det behöver alltså inte vara något som redan har existerat, någonsin, utan det man känner för att uppleva just nu?

Abraham: När du arbetar i din workshop kommer du, i de flesta fall, att märka att det du föreställer dig inte dyker upp omedelbart. Du vet när du har hittat en ren och tydlig tanke, för då känner du upphetsning … Har du någonsin arbetat med ett projekt, tänkt på det mycket, och plötsligt kommit på en strålande idé: ”Jag har det!”? Den känslan av *Jag har det*, är avfyrningsrampen för din skapelse. Med andra ord har tankarna grott inne i ditt huvud till dess att de blivit specifika nog för att ditt inre väsen ska reagera med en känsla som säger: *Ja, där har du det!* när du hittar den perfekta tankekombinationen. Poängen med workshoppen är att tänka på alla möjliga saker tills du upplever känslan av att ha fått en god idé.

Jerry: När man har visualiserat en stark avsikt som ännu inte har kommit till fysiskt uttryck, vilken är den vanligaste orsaken?

Abraham: Om du har visualiserat en ren avsikt, då måste den komma, och det snabbt. Nyckeln i visualiseringen är tydligheten, och med det menar vi att du ska sända ut tankar uteslutande i riktning mot det du vill ha. Genom att säga, ”jag vill ha det, *men* …”, genom att lägga till ett *men*, avbokar du det eller kväver det i dess linda. Ofta sänder du ut lika många, eller kanske ännu fler, tankar om frånvaron av det du önskar dig som om närvaron av det. Om något du vill ha tar god tid på sig att dyka upp, kan det bara bero på en sak: Du tillbringar mer tid fokuserad på frånvaron av det än på närvaron.

Om du kan identifiera vad det är du vill och sedan medvetet tänka koncentrerat på det tills du får det, blir essensen av det du vill ha ditt mycket snabbt. Om du kan ägna dig åt att verkligen föreställa dig det du vill ha, istället för att rikta din uppmärksamhet mot verkligheten i det-som-är, skulle du attrahera betydligt mer av det du vill än av det-som-är. Det är en fråga om att förändra den magnetiska attraktionspunkten.

Vänd bort din blick, dina ord och dina tankar från det-som-är och låt dem ägna sig helt och hållet åt det du vill just nu. Ju mer du tänker på och talar om det du vill ha, desto snabbare blir det ditt.

Är inte tålamod en positiv dygd?

Jerry: Abraham, hur skulle ni känna inför att säga till någon att visa tålamod?

Abraham: När du förstår attraktionslagen och medvetet börjar styra dina egna tankar, då kommer det du önskar att flöda snabbt och stabilt in i din erfarenhet – och tålamod är inte nödvändigt.

Vi är inte förtjusta över att någon lär sig tålamod, för det antyder att det är naturligt att saker och ting tar tid, och det är inte sant. Det tar bara lång tid för dem att manifesteras när tankarna är motsägelsefulla. Om du går framåt och sedan bakåt, sedan framåt och bakåt, skulle du i teorin aldrig nå ditt mål. Men när du slutar gå bakåt och bara går framåt når du dit mycket snabbt. Och det krävs inget tålamod.

Jag vill ta ett kvantsprång

Jerry: Det är enkelt att ta bara ett litet steg bortom där vi nu befinner oss och bara göra lite mer än vi har gjort, vara lite mer av det vi är och ha något mer än det vi har, men hur är det med vad vi kan kalla ett kvantsprång? Med andra ord, att uppnå något som nästan inte liknar någonting vi har sett tidigare. Hur gör man för att skapa något sådant?

Abraham: Bra. Nu har du kommit till sakens kärna. Anledningen till att det är lättare för dig att ta de där små stegen framåt beror på att du enkelt kan ta till dig dina nuvarande övertygelser och tänja dem bara ett litet stycke. Du förändrar inte föreställningarna helt; du vidgar dem bara lite. Kvantsprång betyder ofta att du måste släppa din nuvarande övertygelse eller uppfattning och lägga dig till med en ny.

Kvantsprång når man inte genom att stärka ekvationens övertygelsedel eller tillåtande del. Kvantsprång når man genom att förstärka viljedelen.

Skulle du inte hålla med om att mamman som (i berättelsen vi nämnde tidigare) lyfte bilen från sitt barn upplevde ett kvantsprång? Om hon hade varit på ett gym skulle det ha tagit mycket lång tid att, lite i taget, övertyga henne om att hon kunde lyfta något så tungt. Men hennes starka vilja gav upphov till ögonblickets kvantsprång.

Vi är inga förspråkare av kvantsprång, för de kräver överdriven kontrast, vilket ger upphov till en dramatisk forcering av en önskan och kan leda till överraskande resultat. Men resultatet är nästan alltid temporärt, för balansen hos dina övertygelser för dig i slutänden tillbaka till den plats där du befann dig förut. En successiv överbryggning av uppfattningarna i riktning mot din önskan är ett långt mer tillfredsställande sätt att skapa.

Jerry: Berätta för mig en gång till: Hur kan vi underblåsa våra önskningar? Hur kan vi få oss själva att vilja mer?

Abraham: Rikta in tankarna mot det du tror att du vill ha, så samlar attraktionslagen mer information, mer data och fler omständigheter till din skapelse.

Du förstår att det är en naturlig process att du, när du ser på det du vill ha, upplever en positiv, mäktig känsla. Det gäller alltså att hålla kvar tankarna på det du vill ha. Om möjligt kan du ta dig till ett ställe där det du vill ha finns, så att du medvetet försätter dig i en situation i vilken du mår underbart. Och när du mår bra börjar allting som (enligt din uppfattning) är gott att dyka upp i din erfarenhet.

När du fokuserar på något står attraktionslagen för "underblåsandet". Om du tycker att det verkar som om det krävs mycket arbete för att dina önskningar ska stärkas och de positiva känslorna växa, beror det på att du tänker på det du vill ha och sedan på dess motsats, så att du inte tillåter en stabil rörelse framåt.

Är inte det storslagna svårare att manifestera?

Jerry: Vad skulle ni då säga är anledningen till att nästan alla känner att de kan skapa eller ge uttryck för små saker, men inte upplever att de kan skapa stora saker?

Abraham: Det beror på att de inte förstår lagen och på att de hänger upp det-som-kan-bli på det-som-har-varit ... När du förstår lagarna förstår du att det inte är svårare att skapa ett slott än en knapp. De är likvärdiga. Det är inte svårare att skapa tio miljoner än hundra tusen. Det är samma tillämpning av samma lag, men två olika avsikter.

Kan jag bevisa dessa principer för andra?

Jerry: När någon vill testa de här lagarna eller principerna för att försöka visa deras giltighet för någon annan, och säger, "Låt mig visa vad jag kan göra", påverkar det då attraktionslagens effektivitet?

Abraham: Problemet med att försöka bevisa något är att det ofta får dig att skjuta ifrån dig något som du inte vill ha. Och när du gör det aktiverar du just den vibrationen, vilket gör det svårare att uppnå det du faktiskt vill. Det kan också vara nedslående, för om andra hyser starka tvivel kan de påverka dig att också känna vissa tvivel.

Det finns inget behov av att bevisa något för någon med ord. Låt det du är – det du genomlever – bli ditt tydliga exempel som kan lyfta andra.

Varför finns ett behov av att rättfärdiga sig?

Jerry: Abraham, varför tror ni att så många av oss i fysisk form tycks känna behov av att rättfärdiga det goda som kommer till oss?

Abraham: En anledning är att många människor felaktigt tror att resurserna är begränsade, så att de känner att de måste förklara för andra varför just de får ta emot fördelar. Tron på ”ovärdighet” är en annan faktor. Det finns en ytterst kraftfull uppfattning här i er fysiska dimension som säger: ”Ni är inte värdiga, så ni är här för att bevisa ert värde.”

Ni är inte här för att bevisa ert värde. Ni är värdiga! Ni är här för att uppleva glädjefylld expansion. Det var genom kraften hos er vilja och styrkan hos er tillåtelse – ja, genom tillämpningen av just de lagar vi tar upp här – som ni trädde in i den här verkligheten av tid och rum. Så ni förstår att er fysiska existens här är beviset på att ni är värdiga eller välförtjänta av att vara, göra eller få vad ni än vill ha.

Om ni kunde inse att skälet till att tanken på er ”ovärdighet” känns så obehaglig är att den strider totalt mot det ert inre väsen känner, skulle ni kanske försöka förbättra riktningen hos er tanke. Men om ni inte förstår det stapplar ni ofta runt och försöker vara andra till lags, men eftersom det inte finns någon konsekvens i det de ber er om tappar ni slutligen bort er.

När ni är på rättfärdigande humör är ni på negativt humör, för ni fokuserar inte på det ni vill ha. Istället försöker ni övertyga andra om att ni har rätt att vilja och att önska, och det behöver ni inte göra. Ni har den rätten.

Hur passar *handling*, eller *arbete*, in i Abrahams recept?

Jerry: Väldigt många av dem jag har träffat som nått fantastiska resultat –materiellt, relationsmässigt eller i hälsohänseende – tycks inte lägga ner särskilt stor fysisk energi på det. De tycks arbeta avsevärt mindre än många andra, som jobbar hårt men inte vinner alls lika mycket på det. Var passar alltså det fysiska arbetet, eller handlingen, in i ert recept för att skapa det man vill ha?

Abraham: Ni trädde inte in i den här miljön för att skapa genom handling. Istället är handlingen avsedd att vara ett sätt för er att njuta av det ni har skapat med tanken. När ni tar er tid att medvetet sända ut tanken, upptäcka kraften i att para ihop tankarna på era önskningar med matchande uppfattningar och förväntningar, förmedlar attraktionslagen till er de resultat ni söker. Men om ni inte tar er tid att ställa in tankarna kan inte all handling i världen kompensera för den bristande samstämmigheten.

Handling som är inspirerad av samverkande tankar är glädjefylld handling. Handling som utförs i ett läge med motstridiga tankar är hårt, otillfredsställande arbete som inte ger gott resultat. När du verkligen känner att du vill skrida till handling är det ett tydligt tecken på att din vibration är oblandad, och att du inte sänder ut tankar som motsäger din egen önskan. När du har svårt att förmå dig att göra något, eller när handlingen du utför inte ger de resultat du söker, beror det alltid på att du sänder ut tankar som strider mot din önskan.

Vid den här tidpunkten är ni i huvudsak fysiskt handlande väsen, för ni förstår ännu inte tankens kraft. När ni blir bättre på att tillämpa tanken medvetet behöver ni inte ägna er så mycket åt handling.

Jag banar väg för mina framtida omständigheter

Ofta säger människor till oss: ”Abraham, jag måste göra något – jag kan inte bara sitta här och tänka.” Vi håller med om att livet utspelas just nu och kräver handling. Men om vi var i era fysiska kläder skulle vi, redan idag, börja styra så många medvetna tankar som möjligt mot det som är viktigt för oss. När vi kom på oss själva med att tänka på saker som vi inte vill ha (tankar som alltid åtföljs av negativa känslor), skulle vi sluta med det och försöka hitta ett sätt att tänka på det som ger en bättre känsla. Med tiden skulle saker och ting börja förbättras i alla avseenden.

Låt oss säga att du går längs en gata och får syn på en (i dina ögon) storvuxen buse, som slår en mindre person. Det krävs någon form av handling, nu genast! I det här skedet av manifestationen är dina val att antingen gå därifrån och låta den mindre personen bli skadad eller lägga dig i och riskera att själv bli skadad. Inget av alternativen är tillfredsställande.

Välj en handling och utför den, men låt inte tanken stanna kvar vid det som just sker. Samla positiva bilder från erfarenheter av människor som lever i bättre harmoni och ta med dig dem in i din workshop och gör den sortens tankar till de mest aktiva vibrationerna i ditt inre. Med tiden slutar attraktionslagen att föra fram situationer till dig där det inte tycks finnas några positiva val.

En som ser sig själv som en ”frälsare”, som räddar små från stora, kommer att märka att han ofta stöter på personer som behöver bli räddade … Om det är din önskan att få sådana upplevelser kan du fortsätta att tänka sådana tankar – då fortsätter också attraktionslagen att föra dem till dig. Men om du föredrar något annat, tänk på det istället – så förmedlar attraktionslagen det till dig. Ämnet för dina tankar banar väg för dina framtida upplevelser.

Hur universum uppfyller våra olika önskningar

Jerry: Förr brukade jag säga till människor att jag hade noterat att de som arbetade hårdast i livet fick minst, och de som arbetade minst fick mest. Men ändå, någon var ju tvungen att gräva upp potatisen, mjölka korna, borra efter olja och sköta det vi kallar hårt kroppsarbete. Förklara för mig, Abraham, hur det kan fungera så att vi alla kan få, göra och bli vad vi vill, alldeles bortsett från allt arbete som behöver utföras.

Abraham: Ni lever i vad vi ser som ett universum i perfekt balans. Ni är som kockar i ett välförsett kök där alla ingredienser ni någonsin har tänkt er finns i rikliga proportioner, för att ni ska kunna skapa vilken sorts recept som helst. När ni stöter på något som ni verkligen inte vill göra är det svårt för er att tänka er att det finns andra som kanske *vill* göra det, eller som inte har något emot att göra det.

Vi kan med absolut visshet hävda att om ert samhälle kom fram till att ingen ville utföra en viss uppgift, skulle kraften hos er vilja se till att ni kom på ett annat sätt att utföra den, eller klara er utan den. Det är vanligt att ett samhälle når en punkt där det inte längre finns någon önskan om att ett visst förhållande ska bestå, och då upphör det att existera och ersätts med en ny och förbättrad avsikt.

Hur skiljer sig fysiskt liv från icke-fysiskt?

Jerry: Vilka är de huvudsakliga skillnaderna mellan *vårt* liv, här i vår fysiska erfarenhet, och ert liv, i er icke-fysiska dimension? Vad har vi här på jorden som ni inte har?

Abraham: Eftersom ni är en fysisk förlängning av det vi är, upplever vi också mycket av det ni upplever. Vi tillåter oss emellertid inte att fokusera på det som vållar er obehag. Vi är mer uppmärksamt fokuserade på det som är önskat och därför upplever vi inte den negativa känsla som ni upplever.

Ni har förmågan att känna som vi känner och, faktum är, att när ni befinner er i till exempel ett tillstånd av uppskattning eller kärlek, är själva känslan ni upplever er indikation på att ni ser er situation på samma sätt som vi ser den.

Det finns ingen åtskillnad mellan det ni känner som den fysiska världen och det ni betraktar som vår icke-fysiska värld; men i den icke-fysiska världen är våra tankar renare. Vi stöter inte bort det oönskade. Vi tänker inte på frånvaron av det önskade. Vi ger vår odelade uppmärksamhet åt ständigt utvecklande önskningar.

Er fysiska värld, Jorden, är en fin miljö för att finjustera er kunskap, för här översätts inte era tankar till en omedelbar motsvarighet – ni har en tidsbuffert. När ni sänder ut tankar på det ni vill ha, måste ni bli mycket tydliga (tillräckligt tydliga för att väcka känslor) innan ni påbörjar attraktionsprocessen. Och till och med då måste ni tillåta det och förvänta er det i er erfarenhet innan det manifesteras. En sådan tidsbuffert ger er stora möjligheter att precisera hur önskvärd tanken känns för er.

Om ni befann er i en dimension där det ni önskade er manifesterades omedelbart, skulle ni ägna mer av er tid åt att försöka göra er kvitt era misstag (som många av er gör nu i alla fall) än åt att skapa det ni vill ha.

Vad hindrar en oönskad tanke från att komma till uttryck?

Jerry: Vad är det – i den där tidsbuffertzonen – som gallrar bort det oönskade från våra tankar innan de kommer till fysiskt uttryck?

Abraham: I de flesta fall ”gallras” det inte bort. De flesta får lite av det de tycker om och lite av det de inte tycker om. De flesta skapar nästan allting i sitt liv på måfå, eftersom de inte förstår spelets regler. De förstår ännu inte lagarna.

Men det finns de som är på god väg att förstå de eviga universella lagarna (och med det menar vi lagar som existerar trots er okunnighet om dem och i alla dimensioner). För de människorna är det deras medvetenhet om vad de känner som avgör vilka av deras tankar som kommer till fysiskt uttryck.

Borde jag inte visualisera medlen för manifestationen?

Jerry: Abraham, när vi visualiserar eller tänker på något som vi vill ha, bör vi då också se till medlen (till hur det ska göras) för att uppnå det vi vill, förutom till vad det är vi vill uppnå? Eller är det smartare att bara visualisera slutresultatet och låta hur det utförs mer eller mindre sköta sig självt?

Abraham: Om du redan är klar över att du vill medverka till de specifika medlen, då är det i sin ordning att rikta sin uppmärksamhet dit.

Knepet för att veta ifall du är för vag eller för specifik är att notera vad du känner. När du tar upp din tanke i workshoppen väcker detaljerna entusiasm eller positiv känsla; men om du blir alltför specifik innan du har samlat på dig tillräckligt med uppgifter känner du tvivel eller oro. För att hitta en balans i dina intentioner gäller det alltså att du är uppmärksam på dina känslor … Var tillräckligt specifik för att uppleva positiv känsla, men inte så specifik att den övergår i en negativ.

När du talar om vad du vill och varför du vill det, känner du dig i allmänhet bättre till mods. Men när du talar om vad du vill och hur det ska gå till, känns tanken sämre, såvida du inte just då ser ett sätt för det att bli verklighet. Om du talar om vem som ska se till att det kommer till dig, när det ska komma eller varifrån det ska komma, och du inte själv sitter inne med svaren, då hindrar sådana detaljer mer än de hjälper. Det handlar egentligen om att vara så specifik man kan och ändå uppleva positiva känslor.

Är jag alltför specifik i mina önskningar?

Jerry: Låt oss säga att jag vill undervisa i en mycket glädjefylld situation. Skulle det vara till fördel att säga: ”Jag borde bestämma mig för ifall jag vill undervisa i historia, matte eller filosofi, eller ifall jag vill undervisa på gymnasiet eller någon annanstans.”

Abraham: När du tänker på anledningen till att du vill bli lärare, Jag vill hjälpa andra att finna lika stor glädje i de här kunskaperna som jag själv har funnit, antyder din positiva känsla att tanken underlättar din skapelse. Men om du skulle tänka: ”Jag är inte så hemmastadd i det här ämnet", eller "Eleverna har ingen frihet i det nuvarande skolsystemet", eller "Jag minns hur hämmad jag kände mig när jag gick i skolan", eller "Jag hade aldrig någon lärare jag tyckte om", känns tankarna inte bra och detaljerna hindrar din glädjefyllda skapelse.

Frågan gäller inte om du bör tänka specifikt eller allmänt. Frågan gäller tankens riktning. Det du bör sträva mot är tankar som ger positiva känslor. Sträva därför mot känslor som känns sköna och inse att du förmodligen hittar dem snabbare om du intar en allmän hållning; men att du utifrån den positiva känslopositionen försiktigt kan lägga till fler och fler detaljer som känns glädjande, till dess att du enkelt kan vara mycket specifik och samtidigt uppleva positiva känslor. Det här är det bästa sättet att skapa.

Jerry: Skulle det vara bättre för oss att bara föreställa oss essensen i slutresultatet och låta de specifika detaljerna sköta sig själva helt och hållet?

Abraham: Det är ett bra sätt att gå till väga. Snabbspola till det lyckliga slut du söker. Föreställ dig att du redan har uppnått vad det än är du önskar dig. Och utifrån den lyckliga positionen kan du attrahera de specifika tankar, människor, omständigheter och händelser som leder dit.

Jerry: Hur detaljerade skulle ni då rekommendera att våra tankar är beträffande det önskade slutmålet?

Abraham: Var så detaljerad du kan vara i tankarna på dina önskningar och ändå känna dig lycklig.

Kan jag radera tidigare, ofördelaktiga tankar?

Jerry: Finns det något sätt att radera alla tidigare erfarenheter, tankar och övertygelser som inte är till fördel för vårt glädjefyllda skapande i stunden?

Abraham: Du kan inte se på en oönskad upplevelse och tillkännage att du inte längre vill tänka på den, för just i den stunden tänker du ju på den. Men du kan tänka på någonting annat. Och när du vänder din uppmärksamhet mot något annat, förlorar det oönskade ämnet från ditt förflutna sin kraft och, med tiden, slutar du att tänka på det helt och hållet. Hellre än att verkligen försöka radera det förflutna bör du fokusera på nuet. Tänk på det du vill just nu.

Hur kan jag vända en nedåtgående spiral?

Jerry: Om man märker att man befinner sig i en nedåtgående spiral, där allt som är viktigt för en tycks falla bort eller minska i värde, hur kan man hejda den rörelsen och vända den till en uppåtgående rörelse?

Abraham: Det är en utmärkt fråga. Den ”nedåtgående spiralen” är attraktionslagen i arbete. Med andra ord började det med en liten negativ tanke. Fler tankar drogs till den, fler människor knöts till den, fler samtal ägnades åt den, till dess att den blev en mycket kraftig nedåtgående spiral, som du kallar den. Det krävs ett mycket starkt väsen för att dra bort tankarna från något oönskat när det är så intensivt. Med andra ord är det svårt att tänka på en frisk fot när tån bultar av smärta. I extremt negativa situationer skulle vi föreslå distraktion snarare än att försöka förändra tanken. Gå och lägg dig och sov eller gå på bio, lyssna på musik, klappa din katt … gör något som förändrar tanken.

Även när du befinner dig i vad du kallar en nedåtgående spiral är några saker i ditt liv bättre än andra. Om du fokuserar på det bästa du har skaffar attraktionslagen fram mer av det, även om det bara är en liten del av allt det som sker. Du kan ersätta en snabb nedåtgående rörelse med en snabb uppåtgående rörelse bara genom att styra tankarna mot fler och fler saker som du vill ha.

Hur blir det när två tävlar om samma trofé?

Jerry: Eftersom det i en tävlingssituation där en person vinner priset innebär att konkurrenten förlorar det, hur kan båda få det de vill ha?

Abraham: Genom att medge för sig själva att det finns obegränsat med "troféer". När du väljer att ställa upp i en tävling där det bara finns en trofé, försätter du dig automatiskt i en situation där du vet att bara en kan vinna. Den som är tydligast, den som har starkast önskan och starkast förväntan om att vinna, kommer att vinna ...

Konkurrens kan vara till fördel på så sätt att den stimulerar din önskan, men den kan vara till nackdel om den hämmar din tro på framgång. Hitta ett sätt att känna glädje i tävlingen. Tänk på vilka fördelar den ger dig, även om du inte kammar hem trofén. När du mår bra vinner du i vilket fall som helst det vi anser vara den största trofén av alla. Du vinner *förbindelse.* Du vinner klarhet. Du vinner vitalitet. Du vinner harmoni med ditt inre väsen. Och med den attityden kommer du att ta hem fler troféer.

I detta obegränsade universum behöver det inte uppstå någon konkurrens om resurser, för resurserna är obegränsade. Du kan förvägra dig själv att ta emot dem och därför uppleva att det råder brist, men det är i så fall självförvållat.

Om jag kan föreställa mig det är det realistiskt

Jerry: Kan vi önska oss någonting som ni anser skulle vara orealistiskt?

Abraham: Om ni kan föreställa er det, är det inte "orealistiskt". Om ni, utifrån den här rumtidsverkligheten, har lyckats skapa önskningen, har rumtidsverkligheten också resurserna för att uppfylla den. Allt som krävs är att ni befinner er i vibrationsharmoni med er önskan.

Jerry: Men om jag kan se något för min inre syn, betyder det då att jag har föreställt mig det?

Abraham: Eftersom du ser dig själv i det sammanhang du föreställer dig, attraherar du de omständigheter som krävs för att du ska finna medlen för att skapa det.

Kan man använda de här principerna på ”ondska”?

Jerry: Skulle man kunna använda den skapelseprocess ni lär ut för att skapa något som en del skulle betrakta som ”ont”, till exempel att ta livet av andra eller ta andras saker mot deras vilja?

Abraham: Är det möjligt för andra att skapa det de vill ha, trots att du inte vill att de ska vilja det?

Jerry: Ja.

Abraham: Just det. För vad det än är man vill ha ... kan man attrahera det.

Blir kraften större av att skapa i grupp?

Jerry: Kan vi öka vår kraft eller vår förmåga att skapa något genom att gå samman i grupp?

Abraham: Fördelen med att samlas flera stycken för att skapa något är att man tillsammans kan stimulera och förstärka önskningen. Nackdelen är att det finns fler av er, och att det därför blir svårare att hålla kvar fokus enbart på det ni vill uppnå ... Individuellt äger ni tillräckligt stor kraft för att skapa vad som helst som ni kan föreställa er. Därför behöver ni inte gå samman med andra. Det kan, emellertid, vara roligt!

Tänk om de inte vill att jag ska lyckas

Jerry: Är det möjligt att skapa effektivt i sällskap med personer som starkt motsätter sig det man vill ha?

Abraham: Genom att fokusera på det du önskar dig kan du strunta i deras motstånd. Om du motsätter dig deras motstånd skulle du däremot inte vara fokuserad på det du vill ha och din skapelse skulle därför bli lidande. Det är lättare att gå någonstans där du inte behöver fokusera på motståndet för att kunna fokusera på din önskan. Men om du måste avlägsna dig från någon på grund av risken för motstånd, måste du också lämna stan helt och hållet, för det finns säkerligen de som inte sympatiserar helt och hållet med dina idéer; och lämna landet; och lämna hela planetens yta. Det är inte nödvändigt att avlägsna sig från motstånd. Fokusera bara på det du vill, så kan du med hjälp av kraften i din egen klarhet utföra positiv skapelse under vilka omständigheter som helst.

Jerry: Menar ni att vi får ta emot essensen i allt det vi tänker på – oavsett om vi vill ha det eller inte – så länge det är förknippat med en känsla?

Abraham: Om du tänker en tanke och håller kvar ditt fokus på den tillräckligt länge, förmedlar attraktionslagen fler tankar till den, till dess att den blir tydlig nog för att väcka en känsla. Varje tanke du tänker kommer till sist, om du fortsätter att tänka den, att bli stark nog för att attrahera sin essens till din erfarenhet.

Hur använder jag flödet i min inneboende energi för att växa?

Jerry: Abraham, hur kan vi komma in i ett sådant flöde att den inneboende kraften vi har gett upphov till bidrar till vår tillväxt – alltså, till vår rörelse framåt?

Abraham: Genom att hitta någon liten sak som gör dig lycklig när du tänker på den och sedan fokusera på den tills attraktionslagen ger dig fler och fler och fler sådana saker. Ju mer du tänker på det du vill ha, desto positivare känsla får du … och ju skönare känsla du upplever, desto bättre vet du att du tänker på det du vill ha. Det handlar alltså om att du – medvetet och avsiktligt – fattar beslut om vilken flödesriktning du vill ha.

Alla, utan undantag, attraherar allting som kommer in i deras erfarenhet, men när du medvetet väljer inriktning på tankarna, varsamt styr din uppmärksamhet mot tankar som känns bättre, skapar du inte längre oavsiktligt oönskade saker. En medveten uppmärksamhet på den mäktiga attraktionslagen tillsammans med en beslutsamhet att notera dina känslor och din önskan att känna glädje, ger dig chansen att få uppleva det avsiktliga skapandets lycka.

DEL IV

Tillåtandets konst

Tillåtandets konst: definition

Jerry: Abraham, nästa ämne, som påverkat mig mest i min nya förståelse, eftersom jag aldrig tidigare intagit det perspektivet eller haft den klarhet som ni har, är *tillåtandets konst.* Skulle ni vilja berätta om den?

Abraham: Vi vill mycket gärna hjälpa er att minnas er roll i tillåtandets konst, för en medveten förståelse för och tillämpning av den lagen knyter ihop alltsammans för er. Attraktionslagen bara *är*, vare sig ni förstår den eller ej. Den reagerar alltid på er vibration och förmedlar korrekta resultat, som alltid stämmer överens med det ni tänker på. Men en medveten tillämpning av tillåtandets konst kräver att ni också är medvetet uppmärksamma på era känslor, så att ni kan välja inriktning på era tankar. En förståelse för den här lagen är det som avgör ifall du skapar avsiktligt eller oavsiktligt.

Vi har placerat tillåtandets konst på den här platsen – efter attraktionslagen, som kom först, och läran om avsiktligt skapande, som kom tvåa – eftersom tillåtandets konst inte kan förstås förrän man har fått grepp om de båda tidigare lagarna.

Det vi menar med tillåtandets konst är: Jag är det jag är och nöjd med det, lycklig med det. Och du är den du är och även om det skiljer sig från det jag är, är det också bra … Jag kan fokusera på det jag vill ha, och även om det finns en del dramatiska skillnader mellan oss upplever jag inte några negativa känslor på grund av det, eftersom jag är klok nog att inte fokusera på det som ger mig obehag. Eftersom jag tillämpar tillåtandets konst har jag kommit till insikt om att jag inte har trätt in i den här fysiska världen för att få alla att följa den "sanning" som jag tror är den rätta. Jag har inte trätt in i den för att uppmuntra likriktning eller likhet – för jag är klok nog att förstå att i likhet, i likriktning, finns inte den mångfald som stimulerar kreativitet. Genom att sträva mot likriktning går jag mot ett slut på skapelsen snarare än mot en fortsättning av den.

Tillåtandets konst är alltså absolut nödvändig för den här artens, planetens och hela universumets fortlevnad, eller överlevnad, och fortlevnad är något som kraftfullt tillåts ur källans större perspektiv. Ur ditt fysiska perspektiv kanske du inte tillåter din egen expansion, och när du inte gör det mår du uselt. Och när du inte tillåter någon annan mår du också uselt.

När du ser en situation som stör dig och bestämmer dig för att låta bli att göra något för att hejda den eller förändra den, då tolererar du situationen. Det är något helt annat än det vi menar med att tillåta. Att tillåta är konsten att hitta ett sätt att se på omvärlden som samtidigt tillåter förbindelsen med ditt inre väsen. Det uppnår man genom att selektivt gå igenom data i rumtidsverkligheten och fokusera på sådant som känns bra. Det handlar om att använda känslosystemet som vägledning för att bestämma inriktningen på sina tankar.

Borde jag inte skydda mig från andras tankar?

Jerry: En sak som var svår för mig i början av det här var: Hur skyddar vi oss från andra som tänker annorlunda än vi, kanske tillräckligt annorlunda för att, så att säga, invadera vårt utrymme på något sätt?

Abraham: Bra. Det var därför vi sa att ni måste förstå attraktionslagen och läran om avsiktligt skapande för att kunna förstå och acceptera tillåtandets konst. För om ni inte förstår hur något letar sig fram till er, då är ni rädda för det. Om ni inte förstår att andra inte kan komma in i er erfarenhet om ni inte bjuder in dem med tanken, då är det självklart att ni oroar er för vad andra sysslar med. Men när ni förstår att ingenting kommer in i er erfarenhet om ni inte bjuder in det med tanken – med känslosam tanke och stor förväntan – då vet ni att ni måste uppnå denna känsliga kreativa balans för att få ta emot det.

Den som förstår dessa mäktiga universella lagar känner inte längre något behov av murar, barrikader, arméer, krig eller fängelser; för han inser att han är fri att skapa världen som han vill att den ska vara, medan andra skapar världen som de själva väljer att ha den, och att deras val hotar inte hans. Man kan inte njuta av sin absoluta frihet utan den vetskapen.

I den här fysiska världen finns det saker som du befinner dig i absolut harmoni med, och saker som du befinner dig i absolut disharmoni med – och det finns lite av allt däremellan. Men du har inte kommit hit för att förstöra eller innesluta det du inte sympatiserar med, för det är något som befinner sig i ständig förändring. Istället har du kommit hit för att identifiera, stund för stund, segment för segment, dag för dag och år för år, vad det är du vill, för att fokusera på det med hjälp av kraften hos dina tankar och för att tillåta attraktionslagens krafter att föra det till dig.

Vi är inte sårbara för andras beteende

Anledningen till att de flesta människor är ovilliga att tillåta det som en del andra gör, är att de, på grund av sin bristande förståelse för attraktionslagen, felaktigt tror att den oönskade upplevelse de iakttar kan sippra in i eller tränga sig på deras egen erfarenhet. När de är med om oönskade upplevelser eller ser andra vara det, antar de att hotet måste vara verkligt, eftersom ingen medvetet skulle välja sådana dåliga erfarenheter. Om andra tillåts bete sig på det viset är de rädda för att det ska sprida sig till deras egen erfarenhet. Eftersom de inte förstår attraktionslagen känner de sig defensiva och sårbara och utifrån den sårbara positionen reser de murar och samlar arméer, men till ingen nytta. För genom att skjuta ifrån sig dessa oönskade saker alstrar de bara fler av dem.

Vi berättar inte detta för att ni ska befria er värld från alla kontraster, för just den kontrast ni vill eliminera är den som bär ansvaret för expansionen av allt-som-är. Vi berättar det här därför att vi inser att det är möjligt för er att leva lyckliga liv mitt i den oerhörda variation som finns. Vi erbjuder er dessa ord för att hjälpa er att hitta den personliga frihet som ni får uppleva först när ni förstår och tillämpar universums lagar.

Innan du förstår och tillämpar de båda första lagarna kan du inte förstå eller tillämpa tillåtandets konst, för det är omöjligt att välvilligt tillåta andra innan du förstår att det de gör och det de säger inte påverkar dig. Eftersom din känsla – en känsla som kommer från ditt allra innersta – är så stark, eftersom du vill bevara ditt eget jag, kan du inte och tänker du inte tillåta någon som hotar det.

De lagar vi presenterar är eviga, vilket betyder att de alltid gäller. Dessa lagar är universella, vilket betyder att de gäller överallt. De är absoluta, vare sig du vet att de är det eller inte; de existerar, vare sig du accepterar det eller inte – och de påverkar ditt liv, vare sig du vet om det eller inte.

Reglerna för livets spel

När vi använder ordet lag hänvisar vi inte till de jordiska överenskommelser som många av er kallar för lagar. Ni har gravitationslagen och ni har lagar för tid och rum och ni har många andra lagar, till och med lagar för hur er trafik ska kontrolleras och era invånare uppföra sig. Men när vi använder ordet lag talar vi om de eviga, allomfattande universella lagarna. Och sådana finns det inte så många som man kanske skulle kunna tro.

Om du lär dig att förstå och tillämpa dessa tre grundläggande lagar, kommer du också att förstå hur universum fungerar. Du kommer att förstå hur allt det du upplever hittar fram till dig. Du kommer att medge att du är inbjudaren, skaparen och attraheraren av allt det du upplever; och får då medveten kontroll över ditt eget liv. Då, men först då, känner du dig fri – för frihet uppstår ur en förståelse för *hur* du får det du får.

Vi ska här berätta om reglerna för ert fysiska upplevelsespel, och det gör vi med entusiasm, eftersom reglerna är desamma för hela livet, oavsett om det är en fysisk livserfarenhet eller en icke-fysisk.

Den mäktigaste lagen i universum, attraktionslagen, säger bara att det som är lika dras till vartannat. Du kanske har märkt att när något börjar gå dåligt verkar det som om allting plötsligt går snett. Men att du, när du vaknar på morgonen och mår bra, också får en bättre dag. Börjar du dagen med att bråka med någon blir resten av dagen negativ i många bemärkelser – det är så du märker attraktionslagen. Allt det du upplever – från det mest uppenbara till det mest subtila – påverkas av den här mäktiga lagen … När du tänker på något som tilltalar dig hittar andra, liknande tankar fram till dig med attraktionslagens hjälp. När du tänker på något du ogillar dyker andra tankar upp som liknar dem, tills du kommer på dig själv med att leta i ditt förflutna efter liknande tankar och märker att du diskuterar dem med andra, så att du omsluts av en allt större, ständigt växande tanke. När tanken växer sig starkare får den större inneboende energi; den vinner kraft … attraktionskraft. Om du förstår den här lagen hamnar du i en situation i vilken du kan bestämma dig för att fokusera dina tankar enbart i riktning mot det du vill ha för att attrahera det till ditt liv, samtidigt som du väljer att avlägsna din uppmärksamhet från de tankar som du inte vill dra in i din erfarenhet.

Lagen om avsiktligt skapande beskrivs på det här sättet: Det jag tänker på attraherar jag. Det som jag tänker på som väcker en stark känsla, attraherar jag snabbare. Och när jag med stor kraft har avfyrat en önskning genom att skänka den tankar som väcker känslor och förvänta mig det jag har tänkt på – då får jag det.

Avsiktligt skapande är som en balansvåg. I ena vågskålen finns tanken och i den andra finns förväntan, tron eller tillåtelsen. När du har tänkt på någonting och förväntar dig det eller tror på att det ska bli verklighet, befinner du dig i en perfekt position för att ta emot ämnet för din tanke. Det är därför du får det du tänker på, vare sig du vill ha det eller inte. Dina tankar är starka, attraherande magneter – de attraherar varandra. Tankar attraheras till varandra och du attraherar tankar genom att visa dem uppmärksamhet.

Vanligtvis är det lättare att se de här lagarna i arbete när du iakttar andras upplevelser: Du märker att de som talar mest om välstånd har det. De som talar mest om god hälsa, har det. De som talar mest om sjukdom, har det. De som talar mest om fattigdom, har det. Sådan är lagen. Det kan inte vara på något annat sätt. Din känsla är din attraktionspunkt och attraktionslagen förstår du enklast när du ser dig själv som en magnet, som drar till dig mer och mer av det du känner. När du känner dig ensam attraherar du mer ensamhet. När du känner dig fattig attraherar du mer fattigdom. När du känner dig sjuk attraherar du mer sjukdom. När du känner dig olycklig attraherar du mer olycka. När du känner dig frisk och vital och levande och välmående – då attraherar du mer av allt det.

Erfarenheter, inte ord, ger kunskap

Vi är lärare och i alla våra erfarenheter av att undervisa har vi lärt oss detta ytterst viktiga faktum: Ord undervisar inte. Det är livserfarenheter som ger kunskap. Därför uppmuntrar vi er alla att reflektera över ert eget liv, för att minnas sådant ni har upplevt tidigare och att, från och med nu och framöver, hålla ögonen öppna efter den absoluta samstämmigheten mellan orden ni läser här i boken och det ni upplever. När ni lägger märke till att ni får det ni tänker på, då, och först då, vill ni lägga märke till (ja, faktiskt medvetet kontrollera) era tankar.

Det blir lättare att kontrollera sina tankar när man väl fattat beslutet att göra det. Man tänker på sådant som man inte vill ha mest för att man inte har förstått hur skadligt det kan vara. För alla som inte vill få sådana negativa erfarenheter och för alla er som vill få positiva upplevelser, blir det inga svårigheter att kontrollera tankarna, för när ni väl har insett att tankar på det ni inte vill ha bara attraherar mer av det ni inte vill ha, blir er vilja att göra det mycket stark.

Istället för att bevaka tankarna, känner jag känslorna

Att bevaka sina tankar är ingen lätt uppgift, för när man bevakar dem har man inte tid att tänka dem. Därför erbjuder vi ett alternativ, ett effektivt alternativ, till att övervaka tankarna. Få förstår att det, trots att ni är fysiska väsen och fokuserade i det fysiska maskineriet, finns en del av er – en mer omfattande, klokare och i alla händelser äldre del av er – som existerar samtidigt, och att den delen av er (vi kallar den ert inre väsen) kommunicerar med er. Kommunikationen tar sig många olika uttryck. Den kan ske i form av tydliga, livfulla tankar – ibland till och med som ord man hör uttalas – men framför allt äger den rum i form av känslor.

Innan du trädde in i den här världen ingick du en överenskommelse om att det skulle existera en kommunikation med ditt inre väsen. Och överenskommelsen var att kommunikationen skulle ske i form av känslor, som inte kunde missas, snarare än i form av tankestimulans eller utsändningar av ord, som lätt kunde förbises. För när du tänker kan du kanske inte samtidigt ta emot en annorlunda tanke som dyker upp inom dig. Det är precis som när du sitter och funderar eller är djupt försjunken i tankar, och inte hör vad någon som finns i samma rum som du själv säger. Processen att uppleva känslor och sinnesstämningar är därför ett mycket bra kommunikationsmedel.

Det finns känslor av två slag: Det ena slaget känns bra och det andra dåligt. Överenskommelsen bestod i att en känsla som kändes bra skulle sändas ut när du tänkte, sa eller gjorde sådant som stod i harmoni med det du ville; medan en känsla som kändes dålig skulle visa att du sa, tänkte eller handlade i en riktning som inte harmonierade med dina avsikter. Det är alltså inte nödvändigt för dig att övervaka dina tankar. Var bara lyhörd för vad du känner, och när du upplever en negativ känsla medger du för dig själv att du – just vid tidpunkten för känslan – skapar något oönskat. I stunden för den negativa känslan tänkte du något du inte vill förverkliga och attraherar därmed essensen av det till din upplevelse. Skapelsen är attraktionsprocessen; när du tänker en tanke attraherar du föremålet för din tanke.

När jag tolerar andra tillåter jag inte

Den här texten har alltså tillkommit för att du ska förstå att ingen annan utgör eller innebär något hot mot dig. Du kontrollerar själv din egen erfarenhet. Tillåtandets konst, som säger, Jag är det jag är och jag är villig att låta alla andra vara det de är, är den lag som leder till total frihet – frihet från alla upplevelser du inte vill ha och frihet från alla negativa gensvar på upplevelser du inte gillar.

När vi säger att det är bra att vara en tillåtare, missförstår många av er vad vi menar med det. Ni tror att tillåta betyder detsamma som att tolerera. Att ni ska vara det ni är (vilket enligt er egen standard är det mest lämpliga) och låta alla andra vara det de vill vara, även om ni inte tycker om det. Ni kanske upplever det som negativt; ni kanske tycker synd om dem; ni kanske till och med fruktar för er egen del, men inte desto mindre låter ni dem vara – på ett tolerant sätt.

När ni tolererar tillåter ni inte. Det är två skilda saker. En person som tolererar något upplever en negativ känsla. En person som tillåter upplever inte en negativ känsla. Det är en oerhört stor skillnad, för friheten består i frånvaro av negativa känslor. Man kan inte uppleva frihet samtidigt som man upplever en negativ känsla.

Tolerans kan tyckas vara till fördel för andra, eftersom du inte hindrar dem från att göra det de vill göra. Men tolerans är inte till fördel för *dig*, för när du är tolerant upplever du fortfarande negativa känslor och attraherar därför fortfarande negativa saker. När du tillåter attraherar du inte längre de oönskade sakerna till din erfarenhet, och då får du uppleva absolut frihet och lycka.

Söker jag lösningar eller iakttar jag problem?

Många kanske säger: ”Abraham, menar ni att jag ska stoppa huvudet i sanden? Bör jag inte se de människor som har problem? Bör jag inte söka efter ett tillfälle att hjälpa dem?” Vi säger att om du vill vara till hjälp ska du inte fästa blicken på problemet, utan på hjälpen, och det är något helt annat. När du söker efter en lösning upplever du en positiv känsla – men när du iakttar ett problem upplever du en negativ känsla.

Du kan vara till stor hjälp för andra om du tar reda på vad de vill uppnå och, med uppmuntran och uppmärksamhet på det, sporrar dem att sträva ditåt. Men när du ser någon som har drabbats av svårigheter, eller som är utblottad eller svårt sjuk, och talar med honom om just det han inte vill ha, med beklagan och medömkan, då upplever du en negativ känsla, för du bidrar till just det som plågar honom. När du talar med andra om något som du vet att de inte vill uppleva, hjälper du dem att skapa det de inte vill skapa, för du förstärker vibrationen som attraherar det oönskade.

Om du träffar en vän som har drabbats av sjukdom, försök att föreställa dig honom eller henne som frisk. Lägg märke till att du mår dåligt när du fokuserar på sjukdomen, men att du mår bra när du fokuserar på ett möjligt tillfrisknande. Genom att fokusera på vännens välbefinnande tillåter du förbindelsen med ditt inre väsen, som också ser din vän som frisk, och då kan du stimulera honom eller henne till bättring. När du står i förbindelse med ditt inre väsen är din kraft att påverka långt större. Din vän kan förstås fortfarande välja att fokusera mer på sjukdomen än på tillfrisknandet och därigenom förbli sjuk. Om du låter vännen påverka dig att tänka tankar som väcker negativa känslor, då är hans eller hennes påverkan mot det oönskade större än din påverkan mot det önskade.

Jag stöttar andra med mitt exempel på välbefinnande

Du stöttar inte andra med sorgsna ord. Du uppmuntrar dem inte genom att medge att de har fått något de inte vill ha. Du stöttar dem genom att själv vara annorlunda. Du hjälper dem genom att vara en stark och tydlig förebild. Genom att hålla dig frisk kan du stimulera andras önskan om att bli friska. Genom att vara framgångsrik kan du stimulera andras önskan om framgång. Låt ditt exempel uppmuntra dem. Låt det som finns i ditt hjärta uppmuntra dem. Du lyfter andra när din tanke känns bra för dig själv ... Du gör andra deprimerade eller bidrar till deras negativa skapande när din tanke får dig att må dåligt. Det är så du vet ifall du hjälper till eller inte.

Du vet att du har nått ett tillåtande tillstånd när du är villig att tillåta andra trots att de inte tillåter dig; när du kan vara det du är trots att andra inte gillar det; när du kan fortsätta att vara det du är utan att uppleva några negativa känslor inför andras åsikter om dig. När du kan se på den här världen och känna lycka hela tiden, då är du en tillåtare. När du vet vilka upplevelser som innehåller glädje och vilka som inte gör det – och du har disciplin nog att medverka bara där det finns glädje – då behärskar du tillåtelsen.

Den fina skillnaden mellan *vilja* och *behöva*

Precis som skillnaden mellan positiv känsla och negativ känsla ibland kan vara mycket fin – kan skillnaden mellan vilja och behöva också vara ytterst subtil.

När du fokuserar på det du vill ha ger ditt inre väsen dig en positiv känsla. När du fokuserar på det du behöver ger ditt inre väsen dig en negativ känsla, eftersom du inte fokuserar på det du vill ha. Du fokuserar på frånvaron av det du vill ha – och ditt inre väsen vet att det du tänker på är det du attraherar. Ditt inre väsen vet att du inte vill ha frånvaron; ditt inre väsen vet vad du vill ha och ger dig vägledning så att du ska bli medveten om skillnaden.

Om du fokuserar på en lösning upplever du en positiv känsla. Om du fokuserar på ett problem upplever du en negativ känsla, och även om skillnaden är subtil är den mycket viktig, för när du upplever en positiv känsla attraherar du det du vill ha i ditt liv. När du upplever en negativ känsla attrahererar du det du inte vill ha i ditt liv.

Jag kan skapa medvetet, avsiktligt och lyckligt

Man kan alltså säga att en tillåtare är någon som har lärt sig det avsiktliga skapandets lag och nått en position där han eller hon inte skapar fel saker. Den personen skapar med avsikt, medvetet och lyckligt. Ni förstår att sann förnöjelse bara uppstår i ett läge. Förnöjelse känner man när man vill något, tillåter det och tar emot det. Så när du lever ditt liv, har tankarna inriktade på det du vill ha, låter den mäktiga attraktionslagen arbeta för dig och attrahera fler och fler händelser och omständigheter och andra väsen som går bra ihop med dig – då finner du att ditt liv blir en uppåtgående spiral mot lycka och frihet.

Har du några frågor beträffande tillåtandets konst?

Jag lever enligt tillåtandets konst

Jerry: Ja, jag har några frågor, Abraham. För mig är tillåtandets konst det mest spännande ämnet av alla.

Abraham: Det är tillåtelse ni har trätt in i den här erfarenheten för att lära ut. Men innan ni kan undervisa måste ni själva behärska den. Vanligtvis kommer det här ämnet upp i stil med följande: ”Någon gör något som jag inte gillar; hur kan jag få dem att göra något som jag gillar istället?” Det ni kommer till insikt om är detta: Istället för att försöka få världen att göra samma sak, eller att göra de saker som jag tycker om, är det en långt bättre plan att försätta sig i en sådan situation att jag accepterar att alla har rätt att vara, göra eller få vad de vill; och att jag, med mina tankars kraft, bara ska attrahera det som står i harmoni med mig.

Hur kan jag skilja på rätt och fel?

Jerry: Jag kände inte till tillåtandets konst förrän jag mötte er, så när jag funderade över en viss handling, ville skilja på rätt och fel, försökte jag föreställa mig hur hela världen skulle se ut om alla handlade så. Jag försökte avgöra ifall det skulle leda till en lycklig eller behaglig värld, och i så fall utförde jag handlingen i fråga. Om det såg ut att bli en värld jag inte skulle vilja leva i ifall alla gjorde så, då avböjde jag att utföra handlingen.

Jag ska ge ett exempel. Förr tyckte jag om fiska öring och till att börja med fiskade jag som alla andra. Jag tog upp så många fiskar jag kunde. Men med tiden började jag känna mig ganska illa till mods när jag funderade över ifall det var rätt eller fel, och jag tänkte: Hur skulle det se ut om alla i hela världen gjorde så? När jag föreställde mig det insåg jag att om alla fångade fisk som jag gjorde skulle vi fiska ut alla vattendrag och det skulle inte finnas någon fisk kvar åt andra som ville ägna sig åt den här fantastiska njutningen. Därför fattade jag beslutet att inte döda några av fiskarna. Jag fortsatte att fiska (med hullingfria drag), men släppte sedan fiskarna fria. Alltså tog jag bara upp fisken ifall någon hade bett mig att ta med fisk som de skulle äta.

Abraham: Bra. Det mest värdefulla som någon av oss kan göra är att föregå med gott exempel. Vi kan förstärka det exemplet med ord, tankar och, framför allt, handlingar. Men nyckeln för var och en som vill göra världen till en bättre plats, är att fatta tydligare beslut beträffande vad vi vill vara vid varje given tidpunkt – och sedan vara just det.

Det du gjorde i ditt exempel befinner sig i harmoni med det vi lär ut, på så sätt att du först bestämde dig för vad du ville och sedan lyssnade till ditt inre väsen, som sände ut en känsla som hjälpte dig att veta ifall det du tänkte göra var lämpligt eller inte. När du väl hade bestämt att du ville göra världen lite ljusare, att du ville bidra till den och inte ta oproportionerligt mycket ifrån den, då skulle du ha känt obehag inför varje handling du utförde eller tänkte utföra som inte befann sig i harmoni med den avsikten.

Du överdrev din önskan om att världen skulle bli en bättre plats genom att föreställa dig att alla i världen gjorde det du funderade på att göra – vilket ledde till en övertydlig inre vägledning. Det är ett bra sätt att gå till väga. Du försökte inte förmå alla att göra det; du använde dig bara av idén att alla gjorde det för att lättare komma på det klara med huruvida det var en bra sak att göra. Och det var en bra plan.

Hur gör jag när jag ser andra begå fel?

Jerry: Det fungerade för mig, så under mina fisketurer upplevde jag bara absolut, fantastisk lycka. Men jag kände ändå obehag när jag såg andra människor slösa med fisken och döda dem för nöjes skull … eller vilka skäl de nu hade.

Abraham: Bra. Nu har vi nått fram till en mycket viktig punkt. Eftersom dina handlingar befann sig i harmoni med dina avsikter, kände du dig lycklig. Men då andras handlingar inte befann sig i harmoni med dina avsikter upplevde du obehag. Det som krävs är därför att du skaffar dig andra intentioner beträffande andra människor. En bra föresats när det gäller andra människor är följande: De är det de är; de skapar sitt eget liv och attraherar till sig, medan jag skapar mitt liv och attraherar till mig. Det är tillåtandets konst … Om du säger det till dig själv, om och om igen, inser du snart att de faktiskt inte rör till din värld på det sätt du kanske tror. De skapar sin egen värld. Och för dem kanske det inte är en rörig värld.

Det svåra är när du betraktar din värld som en värld utan överflöd … när du börjar tänka i termer av hur många fiskar det finns eller av hur mycket välstånd och rikedom som finns att tillgå. Då börjar du oroa dig för att någon annan förstör eller slösar och inte lämnar tillräckligt mycket kvar till de övriga, inte tillräckligt mycket kvar till dig.

När du förstår att detta universum … just detta fysiska universum som du medverkar till, flödar över av tillgångar – och att det inte finns något slut på överflödet – då oroar du dig inte. Då låter du dem skapa och attrahera till sig, medan du skapar och attraherar till dig.

Tillåter man det önskade om man inte känner till det oönskade?

Jerry: Mitt sätt att lösa det dilemmat gick i stora drag ut på att jag, från 1970 och nio år framåt, helt och hållet stängde av min input från det jag kallade världen utanför. Jag stängde av tv:n och radion, läste inte tidningar och slutade också att tala med människor som pratade om sådant som jag inte ville höra. Även det fungerade för mig. Det fungerade så bra under de där nio åren att jag uppnådde, i mitt tycke, fantastiska resultat när det gällde att skapa meningsfulla relationer med andra människor, när det gällde att återfå och bibehålla perfekt fysisk hälsa och när det gällde att skaffa mig goda ekonomiska resurser. Det var mer givande än något annat tidigare i mitt liv. Men det här sättet att utestänga all negativ information och rikta uppmärksamheten mot mina egna intentioner, var i själva verket mer som att sticka huvudet i sanden än det ni kallar tillåtelse.

Abraham: Det ligger ett stort värde i att vända uppmärksamheten mot det som är viktigt för just dig. När du, bildligt talat, stoppade huvudet i sanden stängde du ute många influenser utifrån och kunde på så sätt fokusera på det som var viktigt för dig. När man tänker på någonting lockar man nämligen dit kraft, klarhet och resultat. Och när man gör det känner man sig nöjd – nöjd på ett sätt som bara kommer av att önska, tillåta och ta emot.

Vad beträffar okunnighet, att stoppa huvudet i sanden eller vara ouppmärksam istället för att tillåta, så passar det bättre ihop än du kanske tror ... Att skänka uppmärksamhet åt det som är viktigt för dig, är just den process som tillåter andra att vara det de vill vara. Att ge dig själv uppmärksamhet samtidigt som du tillåter de andra att rikta sin uppmärksamhet mot sig själva, är en mycket viktig process i konsten att tillåta.

Jerry: Eftersom jag förväntade mig att attraktionslagen och det avsiktliga skapandets process skulle arbeta för mig (även om jag inte hade hört de orden förut), hade jag alltså automatiskt gått in i ett tillåtande tillstånd, i en betydelse av ordet?

Abraham: Det är riktigt. Du styrde din uppmärksamhet mot det som var viktigt för dig och därför attraherade du mer av det, vilket gjorde det ointressant att se på tv och läsa tidningar. Du berövade inte dig själv något som du ville göra – du lockade istället, med attraktionslagens hjälp, till dig mer av det du allra helst ville göra. När du ser något på tv eller i tidningarna som får dig att uppleva en negativ känsla eftersom du inte vill veta av det – då hindrar du tillåtelsen av det du vill ha.

Vill alla tillåta lycka?

Jerry: Försöker de flesta av oss i fysisk form att förstå den här konsten att tillåta? Eller menar ni att bara dem av oss som talar med er söker efter förståelse?

Abraham: Alla ni som existerar i fysisk form på jorden idag, avsåg, innan ni trädde in i era kroppar, att försöka förstå och bli sanna tillåtare. Men de flesta av er befinner er, ur ert fysiska perspektiv, långt ifrån att förstå det eller vilja ha det; ni skulle hellre försöka kontrollera varandra än tillåta varandra. Det är inte svårt att lära sig att kontrollera riktningen hos sina tankar, men det är totalt omöjligt att kontrollera varandra.

Hur gör man när andra drabbas av negativa erfarenheter?

Jerry: Så ni menar att det här tillåtande tillståndet som vi, på någon nivå, söker, är ett tillstånd i vilket vi kan se och vara medvetna om det negativa runt omkring oss (eller sådant som känns negativt ur vårt perspektiv) och ändå förbli lyckliga? Eller kan vi inte alls se sådana saker? Eller kommer vi inte att betrakta dem som någon negativt?

Abraham: Alltihop. När du var fokuserad på det som var viktigt för dig tittade du inte på tv och läste inte tidningar – du njöt av det du gjorde. Du ägnade din uppmärksamhet åt det som var viktigt för dig och attraktionslagen skänkte det mer och mer och mer kraft och tydlighet. Det andra drogs helt enkelt inte in i din erfarenhet eftersom det inte passade ihop med dina föresatser om tillväxt och prestationer.

När du är klar över vad du vill behöver du inte tvinga dig kvar på spåret, för attraktionslagen håller dig kvar där ändå. Det är alltså inte svårt att vara en tillåtare. Det faller sig naturligt, eftersom du inte kommer att vara särskilt intresserad av det som inte har något med dina intressen att göra.

Televisionen erbjuder vissserligen mycket information som är av värde för dig, men ändå mycket, mycket mer information som har ytterst lite att göra med det du vill ha i ditt liv. Många sitter och ser på tv helt enkelt därför att den finns där, därför att de inte fattat några beslut om att göra något annat. Tv-tittandet är alltså inte så ofta en avsiktlig handling som en underlåtenhet att göra något annat. Och i detta tillstånd av icke-avsikt eller av icke-beslut, öppnar ni er för att påverkas av allt det ni exponeras för. Eftersom ni bokstavligt talat bombarderas av tankestimulans beträffande oönskade saker som förekommer runt om i er värld, och eftersom ni inte har fattat något beslut om vad ni vill tänka på, finner ni att ni, genom era tankar, accepterar många saker i ert liv som ni själva inte skulle ha valt.

Det är detta som är att skapa oavsiktligt: att tänka på något utan att ha någon avsikt med det … att tänka på det och därigenom attrahera det – vare sig ni vill ha det eller inte.

Jag tittar bara efter det jag vill ha

Jerry: Abraham, hur skulle ni råda mig att göra för att uppnå och bibehålla detta tillåtande tillstånd, trots att jag är medveten om det faktum att många människor runt omkring mig, sett ur deras eget perspektiv, upplever smärta eller det jag kallar negativiteter?

Abraham: Vi skulle föreslå att du fattar ett beslut – ett beslut om att din dominerande avsikt, oavsett vad du gör under dagen, oavsett vem du samtalar med, oavsett var du befinner dig, ska vara att söka efter de saker du vill se. Och när det är din dominerande avsikt attraherar du, i enlighet med attraktionslagen, bara de saker du vill attrahera och ser bara de saker du vill se.

En *kräsen granskare* som kräsen attraherare

Då din dominerande avsikt är att attrahera enbart det du önskar dig, blir du en mer kräsen granskare. Du blir en mer kräsen attraherare. Du blir en mer kräsen iakttagare. I början kommer du fortfarande att attrahera en del sådant som du inte gillar, eftersom du har samlat energi till en del tankar och övertygelser sedan tidigare. Men med tiden, när välbefinnandet har varit din dominerande avsikt i början av varje dag under 30 till 60 dagar, kommer du att märka att det finns ytterst lite i ditt liv som inte känns tillfredsställande – för din inneboende energi, din tanke, har vid det laget burit dig förbi det som nu förekommer i ditt liv.

Det är svårt att vara tillåtande när du ser någon som står dig nära göra något som du tycker hotar dig själv eller någon annan. Så du säger: ”Abraham, jag förstår inte vad ni menar när ni säger att jag kan tänka bort det, att jag kan hantera det med mina tankar, och att jag inte behöver vidta några åtgärder.” Vi säger att det är med tankarna du sänder ut en inbjudan, men det du upplever idag är resultatet av tankar som du har tänkt tidigare, precis som du projicerar in tankarna du tänker idag i din framtid. Dina tankar idag banar vägen för din framtid och det kommer en tidpunkt när du hamnar på den framtida platsen och då får uppleva resultatet av tankarna du tänker nu, precis som du idag upplever resultatet av tankar du har tänkt tidigare.

Förflutet, nu och framtid som ett

Du tänker alltid och du kan inte koppla bort det förflutna, nuet och framtiden, för de är alla ett; de är alla knutna till varandra genom tankens kontinuum. Låt oss säga att du går längs gatan och får syn på ett par män som slåss – en stor och kraftig buse slår på en avsevärt mindre man – och när du kommer närmare fylls du av negativ känsla. Du tänker: ”Jag ska vända bort blicken; jag ska gå härifrån och låtsas att det här inte har hänt”, men det ger dig en fruktansvärt negativ känsla, för du vill inte att den mindre mannen ska bli skadad. Då tänker du: ”Jag går dit och hjälper honom”. Men nu upplever du också en negativ känsla, eftersom du inte vill bli slagen sönder och samman. Då säger du: ”Abraham, vad gör jag nu?” Och vi svarar att vi håller med om att det, i det här exemplet, inte finns något val som verkar vara perfekt. I detta nu har du allt detta arbete att utföra på grund av bristen på förberedelser i ditt förflutna.

Om du, tidigare i ditt liv, hade inlett varje dag med att formulera en avsikt att uppleva trygghet, harmoni och ett utbyte med människor som befann sig i harmoni med dina avsikter, är det vårt absoluta löfte till dig att du inte skulle ha hamnat i en sådan här obehaglig situation. Vi säger därför att du ska ta itu med det nu, på vilket sätt du än väljer, men att du inte kommer att vandra rakt in i några fler obehagliga bakhåll där det inte finns någon tillfredsställande utväg, om du redan idag börjar föra fram tankar på vad du istället vill uppleva i framtiden.

Måste jag tillåta de orättvisor jag ser?

Innan du förstår hur du får det du får, blir det mycket svårt för dig att acceptera tanken på tillåtelse, eftersom det finns så många saker du ser i din värld som du inte tycker om. Du säger: ”Hur kan jag tillåta en sådan orättvisa?” Vi säger, tillåt den genom att medge att den inte är en del av din erfarenhet. Den är inte din uppgift. Den är skapelse; den är attraktion; den är andras upplevelse.

Hellre än att försöka kontrollera alla andras upplevelser (vilket inte går att göra hur intensivt du än försöker), bör du ha en föresats att kontrollera din egen medverkan i de upplevelserna. Och genom att sända ut en tydlig bild av det liv du vill leva, banar du en jämn och behaglig väg dit för dig själv.

Uppmärksamhet på det oönskade skapar mer oönskat

Du attraherar med dina tankar. Du får det du tänker på, oavsett om du vill ha det eller inte. När du riktar din uppmärksamhet mot oartiga bilförare attraherar du därför fler av dem. När du riktar din uppmärksamhet mot dem som inte ger dig god service vid ett leverantörsbyte från ett företag till ett annat, attraherar du fler liknande upplevelser. Det som du skänker din uppmärksamhet – i synnerhet din känslomässiga uppmärksamhet – är det som du drar in i din erfarenhet.

Påverkar tillåtandets konst min hälsa?

Jerry: Abraham, jag skulle vilja gå igenom några vad jag kallar vardagshändelser, och låta er berätta lite för mig om hur ni anser att man kan tillämpa tillåtandets konst på just dessa förhållanden. Först gäller det fysisk hälsa. Jag minns att jag var svårt sjuk under flera år som barn. Sedan nådde jag ett skede i mitt liv när jag ville slippa ifrån det där och sedan dess har jag, i stort sett, haft extremt god fysisk hälsa. Hur passar tillåtandets konst in på dessa båda situationer, från extrem sjukdom till extrem hälsa?

Abraham: När du fattar ett beslut beträffande något du vill uppnå, har du fullföljt halva ekvationen i det avsiktliga skapandet. Du har tänkt på det med känsla, vilket är att vilja ha det. På den andra sidan i det avsiktliga skapandets ekvation finns tillåtelsen, eller förväntan, eller framsläppandet … Så när du säger: ”Jag vill ha, jag tillåter och därför är det”, kan du skapa det du vill ha mycket snabbt. Du tillåter dig, bokstavligt talat, att få det genom att inte göra motstånd mot det, genom att inte skjuta det ifrån dig med andra tankar.

Du har hört oss säga att när du befinner dig i ett tillåtande tillstånd upplever du ingen negativ känsla. Tillåtande är detsamma som frihet från negativitet; när du har sänt ut en medveten avsikt att uppleva något, och känner uteslutande positiva känslor för det, befinner du dig i ett tillstånd i vilket du tillåter det att bli verklighet. Och då ska du se att det också blir det.

För att uppleva hälsa istället för sjukdom måste du tänka på hälsa. När kroppen är sjuk är det lättare att notera sjukdomen, så det krävs en önskan, ett fokus och en vilja att se längre än till det som sker just nu. Genom att föreställa dig en friskare kropp i framtiden, eller genom att minnas en tid då du var frisk, matchar din tanke för stunden din önskan och då tillåter du en förbättring av ditt tillstånd. Knepet är att sträva mot tankar som känns bättre.

Från extrem fattigdom till ekonomiskt välbefinnande

Jerry: Nästa ämne jag vill ta upp är rikedom och välstånd. Under min barndom levde jag i den fattiga änden av skalan – jag bodde till exempel i hönshus och tält och grottor, och liknande. Men 1965 hittade jag boken *Tänk rätt, bli framgångsrik!*, som gav mig ett helt nytt sätt att se på världen, och från den dagen har min ekonomiska situation stadigt förbättrats. Från att ha bott i min Volkswagenbuss började jag tjäna ihop en sexsiffrig och senare sjusiffrig årsinkomst.

Abraham: Vad tror du själv hände då ditt perspektiv förändrades av att du läste den där boken?

Jerry: Det jag minns bäst är att jag, för första gången i mitt vuxna liv, började fokusera mer eller mindre uteslutande på det jag själv ville. Men jag skulle vilja höra hur ni ser på fenomenet.

Abraham: Du vann en förståelse för att du kunde få det du ville ha. Viljan att få det fanns redan där på grund av livet du levde, men när du läste boken kom du att tro att det var möjligt. Boken fick dig att tillåta din önskan att uppfyllas.

Relationer och konsten att vara självisk

Jerry: Ett annat område, ett stort sådant, som jag vill prata om är relationer. Det finns tillfällen då jag har haft svårt att tillåta mina vänner att ha sina egna tankar och övertygelser, och att ägna sig åt sina ”olämpliga” aktiviteter.

Abraham: När du använder ordet tillåta i den betydelsen, vad menar du då?

Jerry: Jag kände det som om de borde tänka och handla på det sätt jag ville att de skulle tänka och handla. Och när de inte gjorde det blev jag extremt illa berörd och ofta arg.

Abraham: När du iakttog det de gjorde eller sa, upplevde du en negativ känsla – signalen om att du inte befann dig i ett tillåtande tillstånd.

Är inte självisket omoralisk?

Jerry: På den tiden betraktade jag mig själv som mycket osjälvisk och givande. Jag ansåg mig alltså inte vara en självisk person, så jag förväntade mig att de också skulle vara mindre själviska och mer givande. Det faktum att de inte var det störde mig mycket. Sedan hittade jag David Seaburys bok, *The Art of Selfishness*, och den fick mig att se självisheten ur ett nytt perspektiv, och tack vare det kunde jag förstå en hel del av min egen negativitet.

Abraham: Det är viktigt att du tillåter dig själv att rikta uppmärksamheten mot det du vill ha. Det finns de som kallar det självisket och som gör det på ett fördömande eller ogillande sätt. Vi säger att om du inte har en sund självbild, om du inte tillåter dig själv att önska och förvänta dig att ta emot det du vill ha, då kan du aldrig skapa med avsikt och då får du aldrig en särskilt tillfredsställande livserfarenhet.

Vanligtvis uppkommer oviljan att tillåta andra ur en ovilja att tillåta sig själv. En person som i hög grad ogillar en viss egenskap hos sig själv noterar ofta samma egenskap hos andra och fördömer den även där. Att acceptera, godkänna, uppskatta och tillåta sig själv är därför det första steget mot att uppskatta, godkänna och tillåta andra. Det betyder inte att du måste vänta tills du är perfekt enligt dina egna krav, eller att de andra är perfekta i enlighet med deras krav, för ni når aldrig en perfekt slutpunkt – ni är alla ständigt föränderliga, ständigt växande väsen. Det betyder att din avsikt ska vara att se det du vill se hos dig själv och att se det du vill se hos andra.

Vi anklagas ofta för att lära ut själviskhet, och vi håller med om att vi gör det. All varseblivning sker genom självets perspektiv; och om du inte är självisk nog att insistera på att din förbindelse eller harmoni med ditt större och klokare inre väsen ska upprätthållas, då har du ingenting att erbjuda andra. Genom att vara självisk nog att bry dig om vad du själv känner kan du använda ditt inre vägledningssystem för att finna harmoni med den mäktiga källenergin, och då får var och en som har turen att befinna sig i centrum för din uppmärksamhet nytta av det.

Ogillar de mig är det ett tecken på en brist hos dem

Om det finns andra som ser något hos dig som de inte tycker om, kan du i allmänhet se deras ogillande reflekteras tillbaka till dig via ögonen, och du upplever att du har begått något fel. Vi säger till dig att det är inte hos dig bristen finns, utan hos dem. Det är deras oförmåga att tillåta som väcker en negativ känsla hos dem; det är inte din ofullkomlighet som gör det. Och likadant när du upplever en negativ känsla därför att du har sett något hos andra som du inte vill se, då är det inte hos dem bristen finns, utan hos dig.

När du därför fattar beslutet att se bara sådant som tilltalar dig, när du lägger märke till bara sådant som tillfredsställer dig och när alla dina erfarenheter väcker positiva känslor, då kommer du att, med attraktionslagens hjälp, attrahera enbart sådant som står i harmoni med det du vill. Genom att förstå kraften hos dina känslor kan du styra tankarna, och då behöver du inte längre förmå andra att uppträda annorlunda för att du ska må bra.

Vad händer när någon kränker någon annans rättigheter?

Jerry: Här är ännu ett område som har gett mig mycket obehag i det förflutna, och det gäller de mänskliga rättigheterna: rätt till sin egendom, rätt till sitt territorium, rätt till fred. Förr blev jag fruktansvärt störd när någons rättigheter kränktes genom våldshandling eller genom att någon roffade åt sig någon annans egendom. Jag plågades också av territoriella tvister och vem som borde släppas in i vårt land och vem som inte borde det. Varför skulle en människa tillåtas komma hit, men inte en annan? Men sedan jag träffat er har jag kommit att se allt det som människor gör mot varandra som ett "spel" de spelar - mer eller mindre som "överenskommelser" dem emellan, uttalade eller outtalade. Jag har blivit lite bättre på att inte känna deras smärta. Men kan jag nå en punkt vid vilken jag inte känner något negativt alls när jag ser någon kränka någon annans rättigheter? Kan jag bara se på det de gör mot varandra och tänka: "Ni gör alla mot varandra det ni på något sätt själva har valt?"

Abraham: Det kan du. När du förstår att alla attraherar allting med sina tankar, då känner du upprymdhet snarare än smärta för dem, för du förstår att de skördar negativa eller positiva känslor beroende på vilka tankar de har valt. Naturligtvis är de flesta ovetande om hur de får det de får. Och det är skälet till att så många uppfattar sig själva som offer. De tror att de är offer därför att de inte förstår hur deras upplevelser kommer till dem. De inser inte att de bjuder in dem med sina tankar eller genom sin uppmärksamhet på dem. Det kan hjälpa dig att inse att varje erfarenhet leder till en tydligare uppfattning om vad man verkligen vill.

Det råder inte brist på något

Du nämnde territoriella rättigheter. Vi har en syn på "territorium" som skiljer sig avsevärt från den som ni i fysisk form har, för i er fysiska värld fortsätter ni att se begränsningar. Ni tror att det bara finns en viss mängd utrymme, som till slut fylls, och så upplever ni att det inte finns tillräckligt med land.

Med er begränsade attityd; med er känsla för brist snarare än överflöd; med er uppmärksamhet på otillräckligt utrymme, otillräckligt med pengar eller otillräckligt god hälsa, tycker ni er ha skäl att bevaka det ni har. Ur vårt perspektiv finns inga begränsningar för någonting, utan en ständig ström av överflöd. Det finns så att det räcker till alla. När ni inser det uppstår inte längre några problem med känslor av begränsningar, av brist, av trygghetsbehov eller av att behöva skydda sitt territorium.

Genom attraktionslagen dras vi alla till varandra. Här, i vårt icke-fysiska perspektiv, är "Abrahamfamiljen" samlad på grund av att vi, i grund och botten, är densamma – och i vår likhet dras vi till varandra. Det finns alltså ingen som bevakar portarna. Det finns inga vakter som håller de disharmoniska ute, för de lockas inte hit eftersom vi inte riktar någon uppmärksamhet mot dem. Samma sak gäller i er miljö. Även om inte ni ser det lika tydligt som vi, fungerar lagarna lika perfekt för er som för oss. Ni har emellertid så många fysiska förklaringar till olika saker, fysiska förklaringar som till viss del kan vara riktiga, men som inte ger hela förklaringen. Ungefär som om ni skulle beskriva hur vatten kommer ner i glaset genom att peka på kranen, säger vi att det finns mycket, mycket mer än så bakom. När du förklarar för oss att det finns angripare på er jord som skulle vilja ta ifrån dig allt du äger, säger vi att det kan de inte. Så länge du inte bjuder in dem med dina tankar slipper du få någon erfarenhet av angrepp. Sådan är lagen, både i din fysiska miljö och i vår icke-fysiska inramning.

Ligger det något värde i att förlora livet?

Jerry: Har ni inte sagt att det är genom sådana livserfarenheter som vi drar våra lärdomar? Men när en person förlorar livet på grund av någon våldsamhet, har han eller hon då lärt sig något?

Abraham: Det är inte så att ni erbjuds ”lärdomar”. Vi tycker inte om det ordet särskilt mycket, för det låter som om det finns föreskrifter om att ni bör eller måste lära er vissa saker, och så är det inte. Livet skänker kunskap och ni blir klokare och mer vidsynta genom den kunskapen.

Det ni måste förstå innan ni kan uppskatta värdet av livet, till och med värdet av förlusten av det, är att ni bidrar till en större, mer omfattande erfarenhet än den ni känner som er samlade erfarenhet här i den fysiska kroppen. Allt det ni nu upplever bidrar till det större vetandet. Även när ni avlägsnas från ert fokus i en fysisk kropp, går allt det ni har upplevt här upp i ert mer omfattande vetande. Svaret är alltså, ja, det ligger ett värde till och med i att uppleva något som för er bort från er fysiska kropp. Det sker inte förgäves.

Jag är kulmen på många livstider

Jerry: Menar ni att döden är en upplevelse som på något sätt bidrar till mitt mer omfattande väsens totala upplevelse?

Abraham: Just det. Du har förlorat livet många gånger. Du har levt tusentals livstider. Det är därför din passion för livet är så stor. Vi kan inte uttrycka i ord för dig hur många livstider du har haft, än mindre beskriva detaljer från dem; du har haft så många erfarenheter att minnet av alla dem skulle förvirra och hindra dig här. När du föds in i den här kroppen minns du inte längre något av det som har skett tidigare, för du vill inte distraheras av alla de minnena. Du har något som är mycket bättre: Du har ett inre väsen som är kulmen på alla dina livstider.

På samma sätt som alla dina upplevelser under den här livstiden har format den du är nu, har det inget större värde för dig att sitta här och prata om sådant du gjorde när du var 3 år eller 10 eller 12. Du är naturligtvis den du är nu på grund av allt det ... men att fortsätta att se tillbaka på det förflutna och älta upplevelserna om igen bidrar inte med något nytt till den du är nu.

När du accepterar att du är detta magnifika, högt utvecklade väsen och när du är lyhörd för dina känslor, kan du dra nytta av ditt känslomässiga vägledningssystem, som på grundval av vad du känner inför det hjälper dig att avgöra det lämpliga i det du står i begrepp att göra.

Ni är fysiska väsen och ni känner er själva, ert fysiska jag, väl, medan flertalet av er inte känner er själva ur ert större perspektiv. Ert fysiska jag är ett storslaget och viktigt jag, men det är också en förlängning av ert mer omfattande, större, klokare och, framför allt, äldre jag. Och detta inre jag fattade beslutet att träda fram och bli fokuserat i den här kroppen, eftersom det ville fylla på sin inre kunskap med upplevelserna från en livstid.

Varför minns jag inte mina tidigare liv?

Det blev överenskommet, innan du kom hit, att du inte skulle ha något minne – något rörigt, förvirrande, hindrande minne – av allt det du har upplevt förut, men att det skulle finnas en förnimmelse, en vägledning, som träder fram ur ditt inre. Och det blev överenskommet att denna vägledning skulle komma i form av sinnesstämningar, som du skulle uppleva som känslor. Ditt inre väsen kan inte svara med en tanke samtidigt som du sänder ut en egen tanke, så ditt inre väsen erbjuder dig istället en känsla, så att du kan avgöra det lämpliga i det du känner, säger eller gör i förhållande till dina större, mer långtgående avsikter.

Varje gång du lägger fram en medveten avsikt beträffande något du vill uppnå, tar ditt inre väsen med alltihop i beräkningarna. När du sedan preciserar avsikten med det du sänder ut i form av en intention – ”Jag vill ha, jag avser att, jag förväntar mig” – kan ditt inre väsen lägga till även det till uträkningen och ge tydligare, mer specifik och anpassad vägledning.

Många fysiska väsen lägger inte fram några medvetna avsikter, eftersom de inte förstår att de utformar sina egna upplevelser. De nöjer sig med att ta emot det som kommer, utan att inse att de själva attraherar det. Under sådana förhållanden är det svårare för dem att tilllåta, eftersom de känner sig som offer. De känner sig sårbara; de känner att de saknar kontroll över det som händer och att de därför måste akta sig för det. De förstår inte att de själva bjuder in det. Det är därför vi säger att det är nödvändigt att ni förstår hur ni får uppleva det ni får uppleva innan ni kan nå ett sådant läge att ni är villiga att tillåta er själva och tillåta andra.

Sexualitet och våld

Jerry: Ytterligare ett område där jag har upplevt obehag är de sexuella moralfrågorna. Jag har nu nått ett läge där jag tillåter andra deras sexuella val, men jag känner mig fortfarande illa till mods när någon använder våld mot en annan människa, oavsett sammanhang. Kan jag, även i fråga om detta, nå en punkt vid vilken mitt sätt att tänka inte påverkas, vare sig det förekommer våld eller inte?

Abraham: Oavsett vilket ämne det gäller är det viktigt att förstå att det inte finns några offer. Det finns bara medskapare.

Precis som magneter attraherar ni ämnet för era tankar. Om någon tänker mycket på eller talar mycket om våldtäkt, då är det troligt att han eller hon faller ”offer” för en sådan upplevelse. För enligt lagen attraherar ni essensen av det ni tänker på.

När ni tänker, förnimmer en känsla, sänder iväg en skapelse och sedan förväntar er den, då blir den också verklighet för er. Det finns många människor som sänder iväg skapelser som de sedan inte tar emot, eftersom de bara utför halva ekvationen. De sänder iväg den genom att tänka på den, kanske till och med fyllda med känsla, men de förväntar sig inte att få den, och då får de inte heller uppleva den. Det här gäller både de saker ni vill ha och de saker ni inte vill ha.

Vad förväntar jag mig?

Vi har gett exempel på vad som händer om du ser en skräckfilm och stimuleras till mycket livfulla, utförliga tankar med hjälp av biofilmens ljud och bild. Du har skapat och sänt ut ett scenario som målats upp för dig, vanligtvis förknippat med starka känslor, men när du lämnar biografen säger du: "Det var bara en film; det händer inte mig." Alltså fullföljer du inte förväntansdelen.

Lägg märke till företeelsen i ert samhälle att ju mer som sänds ut beträffande ett ämne, vilket som helst, desto större bli allmänhetens förväntningar om att det ska bli verklighet. På samma sätt gäller att ju större individernas förväntningar är, desto större blir sannolikheten för att de attraherar det.

Tänk inte på sådant som du inte vill ha, så slipper du att dra in det i din erfarenhet. Tala inte om sådant du inte vill ha, så attraherar du det inte. När du förstår det uppstår inga negativa känslor när du iakttar andra som upplever sådant som de inte vill ha, för du förstår att de befinner sig i processen att ta emot insikten om hur allting kommer till dem.

Det är sant att ingen av oss vill se en annan människa bli våldtagen, rånad eller mördad. Det är fruktansvärda upplevelser. Men när du kommer till det läge att du förstår hur du attraherar sådana händelser till din erfarenhet, då tänker du inte längre på det – och då ser du det inte ens längre.

Du lockar in det du tänker på i din erfarenhet. Televisionen rör till det, för du sätter på din tv-apparat i avsikt att se på underhållning, men får istället se reportrar rapportera om någon ny katastrof. Men när det är din avsikt att se bara det du vill se – oavsett vad du gör – då lockas du bort från tv:n innan en sådan nyhetsrapportering sänds ut.

Jag förbereder min framtid just nu

När du ser något i en tidning som ger upphov till en liten negativ känsla, kan du genast hoppa till något annat hellre än att fortsätta läsa och få ta emot fler negativa känslor, eftersom attraktionslagen bygger vidare på ämnet. Utöver det kan du, just nu, när du avser att attrahera enbart det du vill ha, börja förbereda dig, så att din framtida handling inte behöver bli så slutgiltig. Du dras inte till tv:n. Du dras inte till tidningen. Istället dras du, med attraktionslagens hjälp, till ämnet för din medvetna avsikt.

Anledningen till att så många av er dras till ämnen oavsiktligt, är att ni inte har någon medveten avsikt. Ni säger inte ofta nog vad ni vill ha, så ni attraherar lite av alltsammans. Ju tydligare ni är med vad ni vill ha, desto rakare blir vägen dit, och desto mindre handling krävs för att utesluta oönskade saker ur er erfarenhet. Ni slipper överrumplas av tv:n eller av samhällets parasiter – för universum har förberett någonting annat för er.

Det oskyldiga lilla barnet

Jerry: Många människor accepterar era grundpremisser om skapelse genom tanke, Abraham, men ett läge där jag ser många sätta sig på bakhasorna, bildligt talat, är era läror beträffande oskyldiga små barn. De frågar: ”Hur är det med de små barnen? Hur kan de tänka tankar som leder till att de drabbas av missbildningar, dålig hälsa eller någon form av fysiska övergrepp?”

Abraham: Det beror på att barn omges av människor som tänker sådana tankar och därför har fått ta emot essensen av dessa tankar.

Jerry: Något i stil med telepati?

Abraham: Det är riktigt. Långt innan barnet kan tala, tänker det. Men man kan inte veta hur tydligt det lilla barnet är i sina tankar, för det har ännu inte lärt sig att kommunicera verbalt. Det förmedlar ännu inte sina tankar.

Jerry: Barn tänker inte i ord. Jag menar att jag kan märka att ett barn tänker långt innan han eller hon uttalar ord.

Abraham: Barnet tänker mycket riktigt och tar emot tankevibrationer från omgivningen så snart det kommer in i din miljö. Det är därför som övertygelser överförs så lätt från förälder till barn, från förälder till barn, från förälder till barn. Barnet uppfattar på vibrationsväg föräldrarnas rädslor och övertygelser, till och med utan att de säger något. Om du vill göra det som är allra bäst för ditt barn, tänk bara på sådant du vill ha eller uppnå, så får ditt barn bara ta emot de önskade tankarna.

Borde inte andra hålla sina överenskommelser med mig?

Jerry: Abraham, beträffande tillåtande: Jag har fortfarande ett gammalt talesätt som smyger sig in i mina tankar: De kan fäkta med armarna så mycket de vill (vilket för mig innebär ”tillåtelse”) så länge de inte hindrar mig från att fäkta med armarna eller träffar mig på näsan.

Jag försöker alltså tillåta andra att bli, göra och få vad de vill, men när det strider mot något som vi tidigare har gjort en affärsöverenskommelse om har jag ibland svårt att låta bli att åtminstone uppmana till att vi ska hålla fast vid överenskommelsen eller att motparten ska fullgöra de åtaganden vi tidigare kommit överens om.

Abraham: Så länge du oroar dig för att någon annan kan störa din upplevelse, eller att någon annan kan träffa dig i ansiktet när han fäktar med armarna, har du ännu inte riktigt förstått hur det går till att du får det du får. Du kan, från och med idag, tänka enbart på det du vill ha och, från och med idag, attrahera uteslutande det du vill ha. Frågorna beror på att du igår, eller någon gång i det förflutna, inte förstod det här utan – genom föremålet för dina tankar – bjöd in andra att fäkta med armarna rakt i ditt ansikte. Nu, i det här ögonblicket, frågar du: ”Vad ska jag göra åt det?”

Om det finns människor i ditt liv som fäktar med armarna på ett obehagligt sätt, styr bort din uppmärksamhet från dem, så försvinner de. I deras ställe kommer personer som känner sig bekväma med dig och som befinner sig i harmoni med dig. Det som oftast händer är att man låter sin uppmärksamhet fångas av de fäktande armarna, av andras sätt att göra det man inte vill att de ska göra. Man blir allt argare och allt mer upprörd, och med attraktionslagens hjälp attraherar man mer av dess essens, till dess att man har fler än en person som fäktar med armarna i ens liv. Där finns två eller tre, eller många ... Vänd bort din uppmärksamhet från det som inte tilltalar dig och rikta den mot det du tycker om, så förändras din inneboende energi. Inte omedelbart, men den kommer att förändras.

Om du börjar varje dag, de kommande trettio dagarna, med att säga: ”Jag tänker se, jag vill se och jag förväntar mig att se det jag själv vill se, oavsett vem jag jobbar med, oavsett vem jag pratar med, oavsett var jag befinner mig, oavsett vad jag gör ...” då kommer du att förändra utgångsläget för din livserfarenhet. Och allt som nu gör dig illa till mods försvinner ur ditt liv och ersätts av sådant som tilltalar dig. Det är ofrånkomligt. Sådan är lagen.

Det blir aldrig fel ... eller färdigt

När vi säger att det, utifrån ditt icke-fysiska perspektiv, utifrån perspektivet hos den du var redan innan du fokuserades i din fysiska kropp, var din avsikt att bli en tillåtare och att förstå konsten att tillåta – är det också så. Vi vill att du ska förstå att du aldrig blir färdig. Du är inte som ett bord, som blir utformat, byggt och sedan avslutat. Du befinner dig ständigt i utformningsstadiet. Du befinner dig för evigt i tillväxtprocessen. Men du är alltid det du är i just den här stunden.

Du vill förstå universums lagar så väl att du blir ett med dem. Du vill förstå hur det kommer sig att du får det du får, så att du inte känner dig som ett offer eller gör dig själv sårbar för andras nycker när de fäktar med armarna.

Det är svårt för dig att förstå detta när du befinner dig mitt emellan vad som tycks vara två världar: den värld du skapade innan du förstod det vi har pratat om här och den värld du står i begrepp att skapa nu när du förstår det bättre. En del saker i din erfarenhet finns där på grund av att det du förberedde eller tänkte ut i det förflutna inte passar särskilt väl ihop med det du vill ha just nu. Vi vet också att du lär få utstå en del obehag under övergångsskedet, men att obehagen blir mindre och mindre och mindre allt eftersom du blir tydligare och tydligare och tydligare med vad du vill. Mycket av den tidigare energins oreda förflyttas bort från din erfarenhet.

När du befinner dig i ett tillstånd av positiv känsla och funderar enbart på vad du gör eller tänker eller säger, tillåter du dig själv. När du befinner dig i ett tillstånd av positiv känsla beträffande det du ser i någon annans erfarenhet, tillåter du någon annan. Så enkelt är det ... Du kan alltså inte uppleva något negativt beträffade dig själv och samtidigt tillåta dig själv.

Behärskar du konsten att tillåta upplever du positiva känslor, vilket betyder att du måste kontrollera vad du riktar din uppmärksamhet mot. Det betyder inte att du förändrar din värld så att allt och alla blir precis så som du vill att de ska vara. Det betyder att du kan se, och därmed kalla fram det som befinner sig i harmoni med dig från universum, från din värld och från dina vänner, samtidigt som du låter allt annat passera obemärkt. Det innebär att det inte attraheras av dig och alltså inte bjuds in av dig. Det är konsten att tillåta, förstår du.

Vi vill tala om för er, vänner, att tillåtelse är det mest fantastiska varaktiga tillstånd ni någonsin kan uppnå. När ni väl har börjat tillåta färdas ni i spiral uppåt, uppåt, för det finns inget negativt som kan motverka det och tvinga er neråt. Det finns ingen bakåtsving på pendeln. Ni rör er för evigt och lyckligt framåt och uppåt!

DEL V

Segmentföresats

Den magiska *Segmentföresatsen*

Jerry: Abraham, jag har en känsla av att om man slår ihop ingredienserna attraktionslag, avsiktligt skapande och konsten att tillåta … och så tillsätter den process vi nu ska ta upp, *Segmentföresatsprocessen*, så tycks man få det fullständiga receptet på hur man rent generellt får saker och ting att hända. Vill ni berätta för oss om Segmentföresatsprocessen?

Abraham: När du väl förstår att du skapar din egen upplevelse kommer du att tydligare vilja identifiera vad du önskar dig, så att du kan tillåta det i din erfarenhet. Innan du har hejdat dig för att ta reda på vad du verkligen vill ha eller uppnå, finns det ingen möjlighet att skapa med avsikt.

Du vill inte samma sak under varje segment av ditt liv. Faktum är att det, varje dag, finns många olika segment som ger upphov till många olika intentioner. Poängen med den här processen är att du ska förstå värdet i att hejda dig flera gånger under en dag för att slå fast vad det egentligen är du helst vill, så att du kan ge eftertryck, och därmed kraft, åt det.

Det är ytterst lite av det du faktiskt upplever under en dag som är ett resultat enbart av det du tänker under dagen. Men när du hejdar dig, segment för segment, och identifierar vad det är du vill uppnå under följande segment, för du fram tankar som banar väg för dina framtida upplevelser så snart du träder in i ett sådant segment.

Låt oss till exempel säga att du kör iväg i bilen, ensam. Då är en avsikt att kommunicera med någon annan eller att lyssna noga på vad någon annan säger inte viktig. Men föresatsen att köra tryggt, uppleva ett stadigt trafikflöde och komma fram pigg och i god tid, är däremot mycket lämpliga för ett segment i vilket du förflyttar dig från en plats till en annan. Genom att identifiera din avsikt innan du går in i bilkörningssegmentet påverkar du inte bara just det segmentet, utan förbereder eller skapar omständigheter och händelser som faller dig i smaken också inför framtida tillfällen.

Det är möjligt att det, i början, hänger kvar en del inneboende kraft från tankar du har sänt ut tidigare, även om du identifierar det du vill uppnå, segment för segment. Men med tiden, när du har sänt ut dina föresatser beträffande vad du vill uppnå, segment för segment, jämnar du vägen framför dig så att den tilltalar dig i högsta grad. Då behöver du inte vidta så många åtgärder i stunden för att saker och ting ska bli som du vill ha dem.

Jag kan segmentföresätta min framgång

Tekniskt sett finns all din kreativa kraft i det här ögonblicket. Men du projicerar den inte bara in i nuet, utan också in i framtiden. Ju mer du stannar upp och identifierar vad du vill i det kommande segmentet, desto bättre, tydligare och mer storslagen blir alltså vägen i din framtid. Och varje stund hädanefter blir också bättre och bättre.

Syftet med den här redogörelsen är att, till dem som så vill, erbjuda en praktisk process som omedelbart tar universums viktigaste lagar i anspråk och ger en medveten kontroll över er tillvaro. För en del kan det här låta som en kraftig överdrift, för de flesta av er tycker inte att ni kan kontrollera händelserna i ert liv, men vi vill att ni ska veta att ni kan det.

Vi har trätt fram för att hjälpa dem av er som finns här, som nu är fokuserade i fysiska kroppar, att förstå exakt hur ni attraherar allt det ni attraherar – och att hjälpa er att förstå att ni inte upplever något som ni inte själva bjuder in med era tankar. Och när du väl börjar granska ditt liv och märker den absoluta samstämmigheten mellan det du säger, det du tänker och det du får, då inser du tydligt och klart att det verkligen är du själv som bjuder in och som attraherar, och att det är du själv som skapar din fysiska erfarenhet.

Den här tiden är den bästa

Ni lever i en underbar tid, i ett högteknologiskt, avancerat samhälle där ni har tillgång till tankestimulans från hela världen. Tillgången till den informationen är till stor nytta, för den ger tillfälle till expansion, men den kan också vara en källa till stor förvirring.

Förmågan att fokusera på smalare ämnen ger större klarhet, medan förmågan att fokusera på många saker samtidigt ofta leder till förvirring. Ni är mottagliga väsen; era tankeprocesser är mycket snabba och när ni funderar över ett enda ämne har ni förmågan att, med attraktionslagens hjälp, skänka allt större klarhet åt det ämnet, till dess att ni bokstavligt talat kan uppnå vad som helst i fråga om det. Men på grund av all tankestimulans i ert samhälle förblir ytterst få av er fokuserade på ett ämne tillräckligt länge för att föra det särskilt långt framåt. De flesta blir så distraherade att de inte får möjlighet att utveckla en enda tanke i någon högre grad.

Syftet och värdet med segmentföresatser

En segmentföresats är alltså processen att medvetet identifiera vad man specifikt önskar sig för den närmaste tidsperioden. Det gör man i avsikt att, ur det kaos som anses vara ens totala livserfarenhet, urskilja vad man helst vill i just den här stunden. När man ägnar en kort stund åt att identifiera vilken avsikt man har, samlar man på sig en oerhörd kraft från universum som koncentreras till det specifika ögonblick där man just då befinner sig.

Betrakta dina tankar som magnetiska. (I själva verket är allting i ert universum magnetiskt och dras till det som är lika.) Varje gång du funderar över eller fokuserar på en negativ tanke, om än en liten sådan, växer den till sig med hjälp av kraften från attraktionslagen. Om du känner dig besviken eller sorgsen märker du att du attraherar andra som inte känner sig särskilt annorlunda, för det är vad du känner som utgör din attraktionspunkt. Om du är olycklig attraherar du mer av det som gör dig olycklig. Men om du mår bra attraherar du mer av det du tycker är bra.

Eftersom du attraherar eller bjuder in alla dem du har ett utbyte med i din erfarenhet – de som omger dig i trafiken, dem du träffar när du går i affärer, dem du möter medan du promenerar, de samtalsämnen andra tar upp med dig, hur du behandlas av kyparen på restaurangen, hur mycket pengar som flödar in i din erfarenhet; utseendet och känslan hos din fysiska kropp, dem du stämmer romantisk träff med (den här listan kan fortsätta tills den omfattar allting i ditt liv) – är det av stort värde att förstå kraften i ditt *nu*. Poängen med Segmentföresatsprocessen är att tydligt styra tankarna till sådant som du vill uppleva genom att identifiera vilka element som är viktigast för dig i just det här segmentet av ditt liv.

När vi säger: "du skapar din egen erfarenhet" och "det finns ingenting i ditt liv som du inte själv har bjudit in", möts vi ibland av motstånd. Motståndet uppstår på grund av att det finns mycket i ditt liv som du inte vill ha. Därför säger du: "Abraham, jag skulle aldrig ha skapat det här, som jag inte vill ha." Vi håller med om att du inte har gjort det med flit, men vi håller inte med om att det inte är ditt verk. För det är genom dina tankar – och bara genom och på grund av dina tankar – som du får det du får. Men innan du är redo att acceptera att du skapar din egen erfarenhet finns det inte mycket av det vi erbjuder här som är av något värde för dig.

Attraktionslagen påverkar dig, vare sig du är medveten om det eller inte; och Segmentföresatsprocessen hjälper dig att bli mer medveten om dina tankars kraft, för ju mer du tillämpar den, desto fler detaljer i ditt liv kommer att avspegla din medvetna avsikt.

Ditt samhälle erbjuder mycket tankestimulans

Du lever i ett samhälle som erbjuder mängder av tankestimulans, och när du är öppen och mottaglig för det kan du mycket väl attrahera fler tankar och därmed fler omständigheter och händelser och människor än du har tid eller vilja att hantera.

Under bara en timmes mediaexponering utsätts du för en oerhörd stimulans och det är inte konstigt att du ibland känner dig helt överväldigad och att många stänger ner sig helt och hållet, sluter sig för allting, för det är så mycket som drabbar er så snabbt.

Segmentföresatsprocessen erbjuder lösningen, för det ni läser här ersätter förvirring med absolut klarhet; känslor av att sakna kontroll ersätts med känslor av att ha kontroll; och för många ersätts en känsla av stagnation med en fantastisk, upplivande känsla av snabb rörelse framåt.

Förvirring uppstår när du funderar över alltför många saker samtidigt, medan klarhet uppstår när du är mer enkelriktad i tankarna – och allting kretsar runt attraktionslagen. När du sänder ut en tanke beträffande ett ämne börjar attraktionslagen genast arbeta för att leverera fler tankar om det ämnet. När du går från tanke till tanke till tanke, erbjuder attraktionslagen ännu fler tankar beträffande allt det du tänker på. Det är därför du ofta känner dig överväldigad, för i enlighet med attraktionslagen har du nu kallat till dig information om en stor mängd olika ämnen.

I många fall kommer informationen från ditt förflutna, i andra fall kommer den från dem som står dig närmast, men slutresultatet blir detsamma: Du tänker på så många saker att du inte rör dig framåt i en specifik riktning – och resultatet blir förstås en känsla av frustration eller förvirring.

Från förvirring till klarhet till avsiktligt skapande

När du väljer ett huvudämne som du vill rikta in dig på levererar lagen, universum, fler tankar till dig som berör den specifika tanken. Men istället för att många tankar kommer från många olika håll –

även från oförenliga, motstridiga riktningar – befinner sig tankarna och händelserna som nu träder fram i harmoni med den huvudtanke du sände ut. Därför upplever du en känsla av klarhet, och ännu viktigare än känslan av klarhet blir förståelsen att du rör dig framåt, in i din skapelse. När du bollar med många idéer på en gång rör du dig i allmänhet inte kraftigt framåt mot någon av dem, för du sprider ditt fokus och din kraft. Men om du fokuserar på det som är viktigast just då, rör du dig kraftfullt framåt i riktning mot det.

Dela upp dagen i segment av föresatser

Det läge du nu befinner dig i, det läge från vilket du för närvarande medvetet förnimmer – det läget är ett segment. Din dag kan vara uppdelad i många segment, och det finns inte två människor som skulle ha exakt samma segmentindelning. Dina segment kan skilja sig åt dag för dag, men det gör ingenting. Det är inte nödvändigt att ha ett fast schema av segment. Det som däremot är viktigt är att du identifierar när du förflyttar dig från ett segment, och därmed från en uppsättning föresatser, till nästa.

Ta som exempel när du vaknar på morgonen – då träder du in i ett nytt segment. Stunden då du ligger vaken innan du kliver ur sängen är ett segment … Stunden då du förbereder dig för nästa aktivitet är ett segment … När du sätter dig i bilen börjar ett nytt segment, och så vidare.

Så snart du inser att du förflyttar dig in i ett nytt segment av upplevelser kan du pausa ett ögonblick och högt, eller tyst inne i ditt huvud, formulera vad du allra helst vill uppnå i det nya segmentet. Då kommer du att med attraktionslagens hjälp locka till dig tankar, omständigheter, händelser och till och med samtal eller handlingar från andra, som harmonierar med din avsikt.

När du tar dig tid att notera att du förflyttar dig in i ett nytt segment och dessutom går ännu längre genom att identifiera vilken din förhärskande avsikt är inom segmentet, undviker du den förvirring det medför att svepas med av andras inflytande, eller kanske bäras iväg av dina egna allt annat än avsiktliga tankevanor.

Jag verkar och skapar på många nivåer

I varje segment av ditt liv verkar du på många olika nivåer. Det finns saker du gör i segmentet. (Handling är effektivt skapande.) Det finns sådant du säger i segmentet. (Tal är effektivt skapande.) Och det finns sådant du tänker i segmentet. (Tankar är effektivt skapande.) Inom varje segment kan du också fundera över vad som händer i nuet; du kan fundera över vad som redan har hänt i det förflutna; eller du kan fundera över vad som kommer att hända i framtiden.

När du tänker på vad du vill uppnå i framtiden börjar du attrahera essensen av det du vill se i din framtid. Men eftersom ditt nu ännu inte har förberetts för det är det inte troligt att det kommer i nuet – men det börjar sin rörelse framåt. Och samtidigt som du rör dig framåt mot det kommande läget, så rör sig också händelserna och omständigheterna i samma riktning.

Tankarna jag tänker idag bereder vägen för min framtid

Här är processen vi kallar *Förberedelse*: I ditt nu tänker du på din framtid och banar på så sätt själv vägen för den, eller förbereder för den. Mycket av det du upplever idag är alltså ett resultat av dina tankar om idag som du tänkte igår och dagen före det och förra året och året före det …

Varje tanke du tänker som är riktad mot det du vill ha i din framtid är till stor fördel för dig. Varje tanke du tänker om din framtid som du inte vill ha är till nackdel för dig.

När du tänker på vitalitet och hälsa, önskar dig det och förväntar dig det i framtiden, banar du väg för eller förbereder du för det. Men om du känner rädsla, eller oroar dig för att bli gammal eller sjuk, banar du väg för det i din framtid.

Segmentföresatser hjälper dig oavsett om du befinner dig i nuet och tänker på nuet; eller om du befinner dig i nuet och tänker på framtiden. För med deras hjälp blir ditt skapande avsiktligt i båda dessa fall. Det är det som är poängen med Segmentföresatsprocessen. Det spelar ingen roll ifall din föresats är att göra eller säga något specifikt i den här stunden eller ifall du förbereder din framtid, men det är av mycket stort värde för dig att göra det medvetet och med avsikt.

När du sätter dig i bilen sänder du ut en medveten avsikt om att känna trygghet under resan. Du attraherar bokstavligt talat omständigheter som leder till det resultatet. Om du hade lagt fram den föresatsen under många tidigare resor ... om du, i det förflutna, hade sett in i din framtid, skulle du ha önskat och förväntat dig trygghet, och de tidigare avsikterna skulle redan ha lagt grunden för din framtid, och din nuvarande segmentföresats bidrar till den avsikten ... stärker den.

Jag kan förbereda livet eller styras av andra

Om du inte har banat väg för segmentet och inte medvetet lägger fram någon föresats för det, då lever du utan avsikt. Möjligheten är då stor att du sveps med av förvirring eller av någon annans intentioner.

Två väsen som sitter i två olika bilar, når fram till samma punkt i samma ögonblick och upplever en kollision ... är två väsen som inte haft tryggheten som sin föresats. De levde livet utan medveten avsikt och fann att de, i sin förvirring, attraherade varandra.

Om du vill och förväntar dig att ta emot ämnet för din avsikt, blir det så. Men om du inte tar dig tid att slå fast vad det är du vill, då attraherar du alla möjliga saker som du kanske eller kanske inte vill ha, på grund av inflytande från andra eller från dina egna gamla vanor. Vi medger att det finns en del saker som du attraherar av en slump som du tycker om, precis som det finns saker som du attraherar av en slump som du inte vill ha, men det ligger inte någon större tillfredsställelse i att skapa oavsiktligt. Livets sanna glädje finner man i avsiktligt skapande.

Som jag känner attraherar jag

Det här är nyckeln till avsiktligt skapande: Se dig själv som en magnet, som attraherar så som du känner dig vid varje given tidpunkt. När du känner dig klartänkt och tycker dig ha kontroll, då attraherar du klara omständigheter. När du känner dig lycklig attraherar du lyckliga omständigheter. När du känner dig frisk attraherar du hälsosamma omständigheter. När du känner dig rik attraherar du omständigheter av välstånd. När du känner dig älskad attraherar du kärleksfulla omständigheter. Det är bokstavligt talat hur du känner dig som är din attraktionspunkt. Värdet med segmentföresatserna är att du hejdar dig många gånger under din dag för att säga: Det här vill jag ha ut av det här segmentet av min livserfarenhet. Jag vill ha det och förväntar mig det. När du sänder ut en så stark föresats blir du det vi kallar en kräsen granskare, och attraherar det du vill ha till din erfarenhet.

Universum – hela den värld du lever i – är fylld av alla möjliga företeelser. Det finns sådant du tycker oerhört mycket om, precis som det finns sådant som du inte gillar särskilt mycket. Men det kommer in i din erfarenhet först om du bjuder in det med dina tankar. Om du därför tar dig tid att, många gånger per dag, identifiera vad du vill ha och formulera och sända ut din önskan och förväntan, får du den magnetiska kontrollen över din egen erfarenhet. Du är inte längre "offret" (det finns egentligen inget sådant) och du attraherar inte längre oavsiktligt eller slumpmässigt. När du börjar dela upp din dag i segment, när du många gånger per dag definierar vad det är du vill, då attraherar du med avsikt. Och det är en glädjefylld upplevelse.

Vad är det jag vill nu?

Anledningen till att Segmentföresatsprocessen är så effektiv är att det finns så många ämnen att fundera över, men att du blir överväldigad och förvirrad när du försöker bearbeta allting på en gång. Fördelen med att lägga fram föresatser segment för segment är att du, genom att fokusera mer exakt på färre detaljer just då ger attraktionslagen möjlighet att ge ett kraftigare gensvar; och det är mindre sannolikt att du motarbetar önskningen med tvivel, oro eller uppmärksamhet på frånvaron av det du önskar dig.

Tänk dig att telefonen ringer, du lyfter luren, säger "hallå" och, när du hör vem det är, säger du: "Hej, kan du vänta ett ögonblick, är du snäll". Du frågar snabbt dig själv: Vad vill jag helst uppnå med det här samtalet? Jag vill muntra upp den andra personen. Jag vill bli förstådd. Jag vill att han/hon ska förstå mig och bli positivt påverkad i riktning mot min önskan. Jag vill att han/hon ska känna sig stimulerad och upprymd av det jag säger. Jag vill att det ska bli ett framgångsrikt samtal. När du sedan tar till orda igen har du banat väg för ett lyckat samtal. Nu lär samtalspartnern svara mer i enlighet med dina önskemål än om du inte hade tagit dig den här tiden.

När den andra personen har initierat telefonsamtalet vet hon vad hon vill. Därför måste även du ägna en kort stund åt att tänka igenom dina syften. Annars kan kraften från den andras inflytande leda till att hon (eller han) uppnår sitt syfte, men inte du.

Om du vill många saker samtidigt bidrar det till förvirring. Men när du fokuserar på de viktigaste detaljerna i det du vill uppnå i varje given stund, då skänker det tydlighet, kraft och tempo. Och det är det som är vitsen med Segmentföresatsprocessen: att hejda sig på väg in i ett nytt segment och tänka igenom vad man helst vill, så att man kan ge det sin uppmärksamhet och, därmed, kraft.

En del av er är fokuserade under några segment av er dag, men det är ytterst få som är fokuserade under större delen av dagen. Genom att identifiera de olika segmenten och de viktigaste föresatserna inom vart och ett av dem, kan de flesta av er komma till ett läge utifrån vilket ni avsiktligt attraherar, eller skapar, i alla de segment som utgör er dag. Ni märker inte bara att ni blir mer produktiva, utan också att ni blir lyckligare. För när ni lägger fram medvetna föresatser och sedan tillåter och tar emot, då känner ni stor tillfredsställelse.

Ni är tillväxtsökande väsen och när ni rör er framåt är ni som lyckligast; medan ni, när ni har en känsla av stagnation, inte upplever samma lycka.

Exempel på en dag med segmentföresatser

Här följer ett exempel på en dag under vilken du inte bara är medveten om varje nytt segment du rör dig in i, utan också lägger fram dina föresatser för varje segment.

Låt oss säga att du inleder processen mot slutet av dagen, innan du somnar. Var medveten om att sömntillståndet är ett nytt segment av livserfarenhet. Så när du ligger där med huvudet på kudden, redo att somna, formulerar du din avsikt för natten: ”Jag vill kunna slappna av helt i kroppen. Jag vill vakna utvilad, pigg och ivrig att börja min nya dag.”

Nästa morgon när du slår upp ögonen konstaterar du att du har trätt in i ett nytt segment av ditt liv och att stunden fram till dess att du kliver ur sängen är ett segment. Formulera din avsikt för den stunden: ”När jag ligger här i sängen ska jag göra mig en tydlig bild av dagen som kommer. Min avsikt är att ta itu med den med upprymdhet och iver.” Ligg där i sängen och känn att du piggnar till och ser fram emot dagen som kommer.

När du kliver ur sängen har du kommit in i ett nytt segment av livserfarenhet. Det här kan vara det segment under vilket du gör dig i ordning för dagen. I segmentet i vilket du borstar tänderna och tvättar dig kan du låta din avsikt vara följande: ”Jag tänker ge min underbara kropp erkännande och känna uppskattning för att den fungerar så fantastiskt bra. Jag har för avsikt att sköta min kroppsvård effektivt och framhäva det bästa hos mig.”

Medan du gör i ordning frukosten låter du din avsikt vara något åt det här hållet: ”Jag ska välja ut och bereda den här goda, näringsrika maten effektivt. Jag ska äta avslappnat och med glädje och låta min underbara kropp smälta och bearbeta den perfekt. Jag väljer den mat som är bäst för min fysiska kropp just nu. Den mättar och fyller mig med energi.” Med den föresatsen i tankarna märker du att du, medan du äter, känner dig piggare och mer energisk. Och du njuter mer av maten än om du inte hade formulerat avsikten att göra det.

När du sätter dig i bilen för att köra till din destination låter du din föresats vara att ta dig från en plats till en annan i trygghet, stärkt och på gott humör, och att vara medveten om vad de andra förarna tänker eller inte tänker göra, så att trafiken flyter på bra – tryggt och effektivt.

När du kliver ur bilen har du trätt in i ett nytt segment. Stanna därför upp en stund och föreställ dig att du går dit du ska. Se att du känner dig väl till mods under promenaden och att du rör dig effektivt och tryggt från punkt till punkt. Ha som föresats att andas djupt och känna vitaliteten i kroppen och klarheten i tankarna … För fram din vision eller din avsikt för det segment du står i begrepp att gå in i därnäst. Se för dig hur du hälsar på personalen eller på arbetsgivaren … Se dig själv som en person som gör andra på gott humör, som alltid har ett leende redo. Vet att alla du möter inte är medvetna i sina avsikter, men att du, genom din medvetenhet, har kontroll över din egen livserfarenhet; och att du inte tänker svepas med av deras förvirring eller av deras avsikter och inflytande.

När du rör dig genom din dag känner du hur kraften och den inneboende energin i dina föresatser byggs upp, och du märker att du känner dig härligt oövervinnlig. När du om och om igen ser dig själv ha fullständig kreativ kontroll över din livserfarenhet, upplever du att det inte finns någonting som du inte kan bli, göra eller få.

Anteckna segmentföresatserna

Naturligtvis blir dina segment inte just dem som vi har angett här, och de är inte desamma från dag till dag. På bara några få dagar märker du hur enkelt det är att identifiera varje nytt segment och vad du helst vill ha ut av det. Mycket snart kan du förvänta dig goda resultat från varje segment av din dag.

En del av er kanske tycker att det är mer effektivt och verkningsfullt att ha med sig en liten anteckningsbok och rent fysiskt stanna upp för att skriva ner en lista över intentionerna. Eftersom du uppnår den starkaste fokuseringen när du skriver ner något, kan du finna att en anteckningsbok är värdefull att ha när du börjar tillämpa den här processen.

Har du samlat ihop några frågor till oss i det här ämnet?

Finns det inte något mål att uppnå?

Jerry: Abraham, för mig förefaller Segmentföresatsprocessen vara det idealiska verktyget för en snabb praktisk tillämpning (och ett snabbt förverkligande) av attraktionslagen, läran om avsiktligt skapande och konsten att tillåta. Genom att direkt koppla samman vår nu-medvetna uppmärksamhet på dessa lagar (som era läror har förklarat för oss) med Segmentföresatsprocessen kan vi alltså själva direkt upptäcka hur våra tankar påverkar våra skapelser.

Jag ser segmentföresatserna som en motsvarighet till att ställa upp en rad små mål (eller föresatser) som vi nästan genast och medveten kan uppleva bli verklighet. Det här leder fram till nästa fråga: Finns det inte något övergripande mål (eller avsikt) som vi ska fullfölja i det här fysiska livet?

Abraham: Det finns det. Och på samma sätt som segmentföresatserna är den avsikt som ligger närmast det ögonblick du upplever just nu, finns din avsikt med att träda in i det här fysiska uttrycket så att säga i skalans andra ände. Du befinner dig alltså här just nu och lägger fram en föresats för det du helst vill ha ut av stunden, men ändå påverkas den här stunden av tankar som du har tänkt om den till och med innan du föddes in i din fysiska kropp. När du trädde fram i en fysisk kropp från det inre, större perspektivet, hade du egna avsikter med det. Men det är dina avsikter från ditt fysiska, medvetna perspektiv som dominerar nu.

Du är inte någon marionett som utför något som har planerats tidigare. Stund för stund har du valet att bestämma vad som är lämpligast sett ur ditt ständigt utvecklande perspektiv, för du har växt ifrån det du var när du trädde in i din kropp. Den här livserfarenheten har redan bidragit till det perspektivet.

Kan lycka som mål vara viktigt nog?

Jerry: Eftersom jag inte medvetet känner till vilka dessa specifika, individuella, övergripande mål är, kan det då finnas något viktigare än att sätta upp målet att vara lycklig?

Abraham: Du satte just fingret på möjligheten du har att veta vad du avsåg när du trädde fram från ditt inre perspektiv. Du sa: ”Eftersom jag inte medvetet känner till vilka dessa specifika, övergripande mål är.” Anledningen till att du inte medvetet känner till dem är att det inte fanns några specifika mål. Före din fysiska födelse hade du allmänna avsikter, till exempel att vara lycklig, att glädja andra, att fortsätta växa … men de specifika processerna, eller medlen för att uppnå något av detta, är det din uppgift att bestämma här och nu. I den här tiden är du skaparen.

Hur märker vi att vi växer?

Jerry: Låt oss ta avsikten ni nämnde: tillväxt. Hur märker vi att vi växer?

Abraham: Eftersom ni är tillväxtsökande väsen upplever ni positiva känslor när ni noterar er tillväxt och negativa känslor när ni känner stagnation. Det är alltså inte nödvändigt att ni medvetet känner igen tankarna och intentionerna hos ert inre, eller ert större perspektiv – ni kommunicerar ändå. Alla fysiska väsen får budskap från sitt inre väsen i form av känslor, och varje gång känslan är positiv vet du att du befinner dig i harmoni med dina inre avsikter.

Vad är ett giltigt mått på framgång?

Jerry: Vad ser ni då, Abraham, ur ert icke-fysiska perspektiv, som ett giltigt mått på framgång i det vi ägnar oss åt här?

Abraham: Ni har många sätt att mäta framgång på. I ert samhälle är pengar ett mått på framgång; prispokaler är mått på framgång – men sett ur vårt perspektiv är förekomsten av positiva känslor inombords det viktigaste måttet på framgång.

Kan segmentföresatser påskynda manifestationer?

Jerry: Segmentföresatsprocessen skyndar alltså inte bara på förverkligandet av det vi vill ha, utan kan också göra livet här mer njutbart, och ge oss större medveten kontroll över det (och därmed ge större framgång). Är det vad det här handlar om?

Abraham: Den ger absolut ”större medveten kontroll” eftersom du medvetet formulerar dina avsikter. Alternativet är att inte fatta något beslut alls om vad du vill och därför, i din förvirring, attrahera lite av allting; och attraherar du lite av allting får du en del saker du tycker om och en del som du inte tycker om. Poängen med Segmentföresatsprocessen är att du alltid ska attrahera det du medvetet vill ha. Inget mer oavsiktligt skapande; inget mer attraherande av det du inte vill ha.

Du har rätt när du säger att den kan påskynda skapelseprocessen, för du kommer snabbare till klarhet. Du skapar förstås i fysisk mening när du flyttar en hög med jord från ett ställe till ett annat (eller vad du nu sysslar med), men du får inte tillgång till universums krafter om inte dina tankar väcker någon känsla. När känslan finns där – positiv eller negativ – har du tillgång till universums kraft.

När du verkligen, verkligen vill något, kommer det till dig mycket snabbt. När du verkligen, verkligen inte vill något, kommer det till dig mycket snabbt. Tanken med segmentföresatser är att presentera tankarna på det du vill ha, att fokusera på dem så tydligt, just nu, att de väcker en känsla. Ju tydligare du är, desto snabbare går det.

Meditation, workshop och Segmentföresatsprocess

Jerry: Låt mig förtydliga terminologin, är ni snälla. Det finns tre olika processer. En kallar ni Segmentföresats. En beskriver ni som en workshop. Och den tredje ni talar om ibland är, med människors term, meditation. Vill ni klargöra syftet med dessa tre processer och vad som skiljer dem åt?

Abraham: Dessa processer används för olika ändamål. Din fråga passar perfekt in i vårt ämne, segmentföresatser, för när ni inleder någon av dessa tre processer är det en god idé att veta varför ni gör det och vad ni förväntar er att ta emot.

Meditation är, med era termer, ett tidssegment under vilket er avsikt är att stilla er medvetna tankemekanism för att förnimma den inre världen. Det är en tid för fysisk avkoppling eller avskärmning, så att ni kan förnimma det som går bortom det fysiska. Det finns även andra skäl till den här avskärmningen och det är viktigt att man, när man går in i segmentet, identifierar sina egna syften. Ditt skäl att ägna dig åt meditation kan helt enkelt vara att du vill vila en stund från den yttre världens förvirring eller bekymmer. Du vill ha lite tid för att hämta ny kraft. När vi uppmuntrar till meditation är det i förhoppning om att du ska tillåta din inre passage att öppnas, så att du låter ditt inre jag, som existerar i de inre dimensionerna, gå ihop med ditt medvetna, fysiska jag, som finns här i din fysiska kropp. Meditation är ett tillbakadragande av fokus från den fysiska, medvetna världen, och ett tillåtande av fokus att anpassa sig till den inre världen.

En workshop är ett tidssegment under vilket din avsikt är att ägna specifik och exakt tanke åt detaljerna i det du vill ha och att med attraktionslagens hjälp finna klarhet. Med andra ord funderar du då över din önskan så specifikt att du frammanar universums krafter för att påskynda skapelsen av den. Det är under workshoppen som du vägleder dina tankar i riktning mot din specifika önskan och som du anpassar dina tankar till de önskningar som livet har hjälpt dig att identifiera. I din fysiska värld kan du inte ha en fysisk upplevelse innan du först har skapat den i tankarna. Workshoppen är alltså platsen där du medvetet tänker på och avsiktligt attraherar det eller de saker som du vill ha.

Segmentföresatsprocessen går ut på att känna igen att du är på väg in i ett nytt tidssegment där din avsikt skiljer sig från avsikten i det förra segmentet, och att därför stanna upp och identifiera vad det nu är du vill ha eller uppnå. Segmenföresatsprocessen hjälper dig att undanröja det största hindret för avsiktligt skapande: påverkan från andra, vars avsikter kanske skiljer sig från dina, och påverkan från dina egna, tidigare vanor.

Hur kan jag medvetet frammana lycka?

Jerry: Jag har hört er föreslå att vi ska hitta ett läge i vilket vi känner lycka innan vi sänder ut en föresats eller en avsikt. Kan ni tipsa om några olika sätt att medvetet alstra en lyckokänsla eller lyfta fram en positiv känsla?

Abraham: Innan vi gör det vill vi poängtera det stora värde som finns i att uppleva lycka. Ni är som magneter och era känslor är era attraktionspunkter. Om ni känner er olyckliga, om ni tänker på saker som ni inte vill ha (vilket är det som ger en känsla av att vara olycklig), då attraherar ni mer av det ni inte vill ha. Det ligger ett stort värde i att ni är lyckliga, för det är enbart från ett utgångsläge där ni känner glädje som ni kan attrahera det ni vill ha, men det är också ert mest naturliga tillstånd. Om ni inte tillåter er att vara lyckliga, då avskärmar ni er från ert sanna jag.

När du märker att du, just i den här stunden, är lycklig, ta dig då tid att notera vilka av de faktorer som finns närvarande som kan ha påverkat dig i den riktningen. För några kan det vara att smeka sin katt, eller promenera ute i naturen, eller älska – eller leka med ett barn. För några kan det vara att läsa en viss passage i en bok. För en del kan det vara att ringa till en god vän som kan muntra upp en. Det finns många sätt att göra det.

Det är av stort värde att hitta många olika metoder för att muntra upp sig själv, så att man alltid kan hitta något sätt att lyfta fram den där lyckokänslan. Lägg märke till vad som höjer ditt humör och lägg det på minnet. Det kan du sedan använda dig av när du vill känna dig glad och uppmuntrad.

Hur gör jag om min omgivning är olycklig?

Jerry: Ni har sagt att vi kan vara lyckliga under nästan vilken omständighet som helst. Men hur kan man lyckas med det när man ser någon som upplever extremt negativa förhållanden?

Abraham: Du kan bara bli lycklig under förutsättning att du tänker på något som du vill ha eller uppnå. Alltså kan du vara lycklig under alla omständigheter om du är tydlig nog och stark nog i din vilja att rikta uppmärksamheten enbart mot det du vill ha.

Jerry: Men tänk om man ibland känner sig tvingad att träffa några personer som gör eller säger saker som får en att känna sig mycket illa till mods. Dessutom kanske man vill försöka vara dem till lags, eftersom man känner sig skyldig när man inte gör eller blir det de vill? Hur ska man kunna vara lycklig i en sådan situation?

Abraham: Det är sant. Det är svårare att förhålla sig glad eller positiv när man omges av människor som är olyckliga eller umgås med personer som förväntar sig något annat än man är villig att ge dem. Men det vi har noterat under vårt utbyte med fysiska väsen är att ni ibland upplever något som är otrevligt eller obehagligt i fem eller tio minuter, men att de flesta negativa känslorna inte uppkommer under den tid som den negativa upplevelsen varar, utan under alla de timmar ni ägnar åt att grubbla över och älta den efter upplevelsens slut.

Vanligtvis ägnar ni långt mer av er tid åt att tänka på det negativa som har hänt än åt det som faktiskt händer just nu.

Det stora flertalet negativa känslor skulle kunna elimineras om ni, när ni är ensamma, fokuserar på det ni vill tänka på just nu. Då växer ni er starkare i er förmåga att inte lägga så stor vikt vid de otrevliga inslagen under de där korta mötena, under de där brottstyckena av livserfarenhet då ni faktiskt ansätts av någon annan. Och med tiden ser attraktionslagen till att ni slipper sådana upplevelser, eftersom sådana tankar inte längre är aktiva inom er.

Kan jag använda segmenföresatser vid oplanerade avbrott?

Jerry: Låt oss ta en situation i vilken personerna verkligen vill uppnå en känsla av ordnade framsteg, men där deras avsikter ganska ofta hejdas av det jag kallar oplanerade avbrott. Vilken sorts segmentföresatser kan ni föreslå i en sådan situation?

Abraham: När segmentföresatserna bli bättre definierade och du själv blir allt bättre på att utföra processen, får du automatiskt färre avbrott. Du har uppmuntrat avbrotten genom din tidigare avsaknad av segmentföresatser.

Om du i början av dagen föreställer dig en fritt flödande, smidig tillvaro, har du redan då eliminerat några av avbrotten. När det gäller de avbrott som uppstår kan du ta itu med dem segment för segment, helt enkelt genom att i början av avbrottet säga: Det här går fort och jag ska inte tappa tråden i min tankegång. Jag ska inte förlora den inneboende kraft jag har byggt upp. Jag ska hantera det här snabbt och effektivt och sedan fortsätta med det jag höll på med.

Kan segmentföresatser ge mer användbar tid?

Jerry: Jag har många gånger genom åren sagt: Jag önskar att det fanns många fler jag, så att jag hinner uppleva alla de underbara saker jag vill uppleva. Kan vi använda segmentföresatser för att uppleva mer – alltså hinna med att göra mer av det vi vill göra?

Abraham: När du lär dig att använda segmentföresatser effektivt märker du att du får många fler timmar under en dag att ägna åt sådant som du vill göra.

Mycket av det du har önskat dig har inte nått fram därför att du inte har skänkt det tydliga tankar och attraherat det. Segmentföresatserna i sig ger dig just det du söker med den här frågan. Genom att ha klart för dig vad du vill ha och inte motsäga dig själv med oförenliga tankar, tillåter du universums lagar att utföra sitt arbete. Du känner inte längre något behov av att ägna så mycket handling åt att kompensera för olämpliga tankar. Sänder du ut genomtänkta önskningar utnyttjar du universums krafter mer effektivt och då går det betydligt fortare att uppnå mycket, mycket mer.

Varför skapar inte alla sitt liv medvetet?

Jerry: Eftersom vi alla kan välja mellan att skapa det vi verkligen vill ha – med flit – och att skapa av en slump och få ta emot både önskat och oönskat, varför verkar det som om majoriteten av människor väljer slumpmetoden?

Abraham: De flesta skapar sina upplevelser av en slump eftersom de inte förstår lagarna; de inser inte att de faktiskt har dessa val. De har kommit att tro på ödet eller på turen. De säger: ”Det här är verkligheten; det är bara så det är.” De förstår inte att de kan kontrollera sina upplevelser med sina tankar. Man kan säga att de spelar ett spel som de inte kan reglerna till. De tröttnar snart på det eftersom de tror att de inte har någon kontroll över det.

Det är mycket värdefullt för dig att ge medveten uppmärksamhet åt det du specifikt vill ha, för annars kan du svepas med av inflytandet från andra i din omgivning. Du bombarderas av tankestimulans. Om du inte verkligen formulerar tanken som är viktig för dig, kanske du stimuleras av någon annans tanke – som är viktig eller oviktig för dig.

Om du inte vet vad du vill är det bra att sända ut avsikten: Jag vill veta vad jag vill. När du sänder ut en sådan begäran börjar du attrahera data; du börjar attrahera möjligheter; du börjar attrahera många saker att välja bland – och från den långa parad av idéer som flödar till dig kan du skaffa dig en bättre uppfattning om vad just du specifikt vill ha.

Attraktionslagen gör det lättare att bara iaktta saker och ting som de är än att välja en helt annan tanke. Och när människor iakttar saker och ting som de är ger attraktionslagen dem mer av samma sak, och med tiden kommer de att tro att de inte kan påverka något.

Många lär sig att de inte får välja, att de inte är värdiga att välja eller att de inte kan tillräckligt mycket för att veta vad de bör välja. Med tid och övning inser du att du med ledning av dina känslor själv kan avgöra det lämpliga i ditt val, för när du väljer den tankeriktning som stämmer överens med ditt mer omfattande perspektiv, då blir din lycka en bekräftelse på att tanken är rätt för dig.

Hur viktig är *viljan* för vår upplevelse?

Jerry: Har ni något att förmedla till en person som inte ens säger: ”Jag vill veta vad jag vill”, utan bara rycker på axlarna och säger: ”Såvitt jag vet vill jag inte någonting” eller ”Jag har fått lära mig att det är fel att önska sig saker”, och som befinner sig i ett slags matt, håglöst tillstånd?

Abraham: Är inte viljan att inte ha någon vilja – för att uppnå ett högre tillstånd av värdighet – också en önskan? Viljan utgör början på allt avsiktligt skapande. Om du förvägrar dig själv att vilja något, då vägrar du egentligen att ta medveten kontroll över din livserfarenhet.

Ni är i högsta grad fysiska väsen, men ni har en livskraft; en gnista; en gudskraft, en kreativ energi, som flödar in i er från den inre dimensionen. Era läkare vet inte mycket om den, trots att de kan iaktta den. De vet att en del har den och andra inte. De säger: ”Den här personen är död; han har ingen livskraft.” Kreativ livsgnista flödar in i dig för att sändas vidare utåt mot det du riktar din uppmärksamhet mot. Med andra ord är det den process genom vilken tanken för din önskan till dig.

Ju mer du tänker på det du önskar dig, desto fler krafter sätter attraktionslagen i rörelse, och du kan känna den inneboende energin i dina tankar. När du inte tänker på det du önskar dig, eller när du tänker på det du vill ha men sedan omedelbart går vidare till att tänka på dess frånvaro, hämmar du tankens naturliga inneboende energi.

Det ”matta, håglösa tillstånd” du beskriver orsakas av att man ständigt saktar ner tankens inneboende energi med sina motstridiga påståenden.

Varför nöjer sig så många med så lite?

Jerry: Abraham, vi lever i ett land där nästan alla har mat för dagen, en plats att bo på och kläder att ta på sig. Nästan alla klarar sig på något sätt. Jag träffar ofta människor som säger: ”Vet du, jag har så att jag klarar mig, men det verkar stört omöjligt för mig att få mina önskningar så starka att jag får in någonting storslaget eller speciellt i mitt liv.” Vad skulle ni säga till en person i den situationen?

Abraham: Det är inte så att du inte önskar dig mer, men du har på något sätt övertygat dig själv om att du inte kan få mer. Därför vill du undvika besvikelsen det innebär att vilja ha något och inte få det. Det beror inte på att du inte vill ha det som du inte får – det beror på att du fokuserar på frånvaron av det. Med attraktionslagens hjälp attraherar du ämnet för din tanke (frånvaron av det).

Varje gång du säger något och sedan fortsätter, ”men, jag har velat det utan att få det”, riktar du istället din uppmärksamhet mot dess frånvaro, så enligt lagen attraherar du också frånvaron. Varje gång du tänker på det du vill ha känner du dig upprymd, entusiastisk och upplever positiva känslor; men när du tänker på att du inte har det du vill ha upplever du negativa känslor; du känner besvikelse. Besvikelsen är ditt inre vägledningssystem som säger till dig: ”Det du tänker på är inte det du vill ha.” Vi skulle därför säga till den personen: Tillåt dig själv att vilja, tänk på det du vill ha eller uppnå, förnim den positiva känsla som uppstår ur viljan och låt besvikelsen dunsta. Håller du tankarna på det du önskar dig attraherar du det.

Berätta för oss om *Prioritera dina avsikter*

Jerry: Ni har gett Esther och mig en process som vi har nått fantastiska resultat med och jag skulle vilja att ni berättar lite mer om den. Det är en process ni kallar *Prioritera dina avsikter*.

Abraham: Trots att inte alla era avsikter är aktuella vid varje given tidpunkt, har ni ofta många avsikter som är giltiga vid ett och samma tillfälle. Ta som ett exempel ett samtal med din partner: Du vill ha tydlig kommunikation, du vill känna dig uppmuntrad, du vill muntra upp din partner … och du kanske vill påverka din partner till att vilja detsamma som du. Med andra ord söker du harmoni.

Det är viktigt att du identifierar vilka avsikter du helst vill förverkliga, för när du prioriterar ger du din odelade uppmärksamhet åt det som då är viktigast; och när du ger din odelade uppmärksamhet åt något – då samlar du kraft till det som betyder mest för dig.

Låt oss säga att din dag har börjat, men att du inte tydligt har slagit fast dina tidssegment. Du har snubblat in i dagen, som de flesta gör, och går från den ena sysslan till den andra, ditknuffad av andras impulser och önskningar eller av dina gamla vanor. Telefonen ringer, barnen ber om det ena och det andra; partnern ställer frågor till dig och du märker att du inte har riktigt grepp om någonting. Det är en tillvaro som är ganska normal för de flesta.

Nu finner du att du har råkat in i en diskussion, utan att ha tagit dig tid att identifiera vad du vill uppnå. Vi kan säga att du har råkat i gräl med antingen dina barn eller din partner, eller med vem som helst – det spelar ingen roll vem det är. Du känner ”varningsklockor” från ditt inre väsen. Den negativa känslan byggs upp inom dig av flera olika skäl: Du är lite arg på dig själv för att du hamnat i den här röran bara därför att du inte formulerat någon tydlig avsikt, men du är också upprörd därför att du grälar om något som den andra avser, hävdar eller vill.

Om du hejdar dig inne i det segmentet och säger: Vad vill jag helst just nu i den här situationen? Du kanske inser att känna harmoni faktiskt är din dominerande avsikt – att bli sams med din fru eller dina barn, eller vem det nu gäller. Att ha en harmonisk relation är alltså långt viktigare än frågan som grälet gällde. När du medger för dig själv att harmoni är det du allra helst vill ha, då blir allting genast tydligare; din negativa känsla försvinner och du säger något i stil med: Vänta lite, vi måste prata. Jag vill inte gräla, för du är min bästa vän. Jag vill att vi ska vara sams. Jag vill att vi ska vara lyckliga tillsammans. När du fäller en sådan kommentar avväpnar du motparten. Du påminner honom eller henne om att er dominerande avsikt är densamma. Med utgångspunkt från din nya och fokuserade prioriterade avsikt, som är harmoni, kan du se det här mindre viktiga ämnet ni diskuterade med nya ögon.

Här vidarebefordrar vi ett påstående som, om ni använder det inför varje nytt segment i er livserfarenhet, kan tjäna er mycket väl: När jag går in i det här segementet av livserfarenhet är det min avsikt att se det jag vill se. Det hjälper dig att föra fram dina idéer på ett effektivt sätt i dina utbyten med andra, och att stimulera deras vilja att harmoniera väl med din vilja. Det här påståendet kan tjäna dig mycket väl.

Hur detaljerade måste mina kreativa avsikter vara?

Jerry: När vi avser att färdas framåt, hur detaljerade bör vi vara i fråga om sätt eller medel, och hur specifika bör vi vara när det gäller resultatet eller manifestationen av våra avsikter?

Abraham: Du bör vara så detaljerad i din tanke på det du vill ha att den väcker positiva känslor, men inte så detaljerad att den väcker negativa känslor. När du har en vag avsikt blir din tanke inte tillräckligt specifik - och därmed inte tillräckligt stark - för att kalla fram universums krafter. Men du kan å andra sidan bli alltför specifik innan du har samlat på dig tillräckligt med data för att stödja din uppfattning. När du går in på detaljer, som visar sig utmana dina uppfattningar om ämnet, kan det leda till att du upplever en negativ känsla. Var därför tillräckligt specifik i dina avsikter för att väcka en positiv känsla, men inte så specifik att känslan blir negativ.

Måste jag upprepa mina segmentföresatser regelbundet?

Jerry: Låt mig tala mer om segmentföresatser, Abraham. Eftersom det skulle vara oerhört trist att ägna uppmärksamhet åt minsta detalj varenda stund av dagen, räcker det inte med att, till exempel, föra fram sin föresats att vara trygg en gång på morgonen? Håller det oss inte säkra under resten av dagen?

Abraham: Det är inte nödvändigt att lägga fram samma föresats om och om igen, även om det ligger ett värde i att upprepa det som är viktigast för dig vid varje given tidpunkt. När du väl har föresatt dig att vara trygg och du verkligen känner dig trygg, befinner du dig i ett läge i vilket du alltid attraherar trygghet. Varje gång du känner dig otrygg, är det dags att lägga fram föresatsen på nytt, för att stärka trygghetskänslan.

Kan Segmentföresatsprocessen hindra spontana reaktioner?

Jerry: Kan Segmentföresatsprocessen på något sätt hindra oss från att vara spontana, eller hämma vår förmåga att reagera på en situation i nuet?

Abraham: Segmentföresatser hindrar er från att reagera omedvetet – men de stärker förmågan att reagera medvetet. Spontanitet är underbar så länge du spontant attraherar det du vill ha. Den är inte lika underbar när du attraherar det du inte vill ha. Vi skulle inte byta ut avsiktligt skapande mot spontant oavsiktligt skapande för allt i världen.

Den känsliga balansen mellan tro och vilja

Jerry: Abraham, skulle ni vilja ägna en stund åt att berätta om det ni har kallat skapandets känsliga balans – mellan viljan att ha något och tron på att få det?

Abraham: Skapelsens båda vågskålar är *önskan* och *tillåtelsen.* Du kan också kalla dem *viljan* och *förväntan.* Eller *tänka på det* och *förvänta sig det.*

Det bästa scenariot är att önska sig något och tro på eller förvänta sig att uppnå det. Det är skapelse när den är som bäst. Om du har en svag önskan om något som du tror att du kan uppnå, väger skålarna så pass jämnt att det blir ditt. Om du har en stark vilja, men tvivlar på din förmåga att förverkliga den, kan den inte bli verklighet, åtminstone inte just nu, för du måste få tanken på det du vill och din uppfattning om det att harmoniera.

Du kanske har stimulerats att tänka på något som du inte vill ha, men eftersom du ofta hört rapporter om att andra utsatts för det tror du ändå på möjligheten att själv drabbas. Din svaga tanke på detta oönskade och din tro på att det är möjligt, gör dig till en kandidat för att få upplevelsen.

Ju mer du tänker på det du vill ha, desto fler bevis för det förmedlar attraktionslagen till dig, till dess att du vill tro på det. När du förstår attraktionslagen (och den är lätt att lära känna, för den är alltid konsekvent), och börjar styra dina tankar medvetet, uppstår en tro på din egen förmåga att bli, göra eller få allt du vill.

När leder Segmentföresatsprocessen till arbete?

Jerry: Vi är fysiska väsen och får lära oss att tro att hårt arbete är viktigt för att bli ekonomiskt rikligt belönad. Men ni nämner inte mycket om fysisk handling. Hur passar hårt arbete eller fysisk handling in i er kreativa ekvation?

Abraham: Ju mer uppmärksamhet du ägnar åt en idé i dina tankar, desto fler resultat ger attraktionslagen – och desto starkare blir tanken. Genom att förbereda, formulera segmentföresatser och fantisera i en kreativ workshop, blir du så småningom inspirerad att handla. Handling som uppstår ur inspiration är handling som ger goda resultat, för du tillåter universums lagar att bära dig framåt. Om du handlar utan medveten förberedelse känns ofta handlingen som hårt arbete eftersom du försöker få mer att hända i stunden än vad enbart handlingen kan åstadkomma.

Om du tänker fram din skapelse och sedan följer upp med inspirerad handling, finner du att din framtid står klar och väntar på dig. Och då kan du ägna dig åt handling för att få njuta frukterna av din sanna kreativa kraft istället för att felaktigt försöka använda din handling för att skapa.

Vilken är den bästa handlingen?

Jerry: När det finns många olika åtgärder man skulle kunna vidta för att åstadkomma något speciellt, hur avgör man, i slutänden, vilken av dessa olika tänkbara handlingar som är mest effektiv?

Abraham: Genom att föreställa sig att man utför den potentiella handlingen och noterar hur man känner sig under tiden. Om du har två val, föreställ dig att du väljer det ena alternativet och lägg märke till hur det känns. Föreställ dig sedan att du utför det andra alternativet och notera vilka känslor det väcker. Men dina känslor för den potentiella handlingen blir inte tydliga för dig om du inte först har tagit dig tid att identifiera vilka avsikter du har och prioriterat dem efter betydelse. När du väl har gjort det blir det en enkel process att besluta om vilken handling som är lämpligast. Du använder dig av känslornas vägledningssystem.

Hur länge bör jag vänta på manifestationen?

Jerry: Låt oss säga att det finns de som väntar på att något ska komma till fysiskt uttryck just nu, och märker att missmodet börjar smyga sig på därför att det de har föresatt sig att skapa ännu inte finns där. Hur länge bör de vänta innan det kommer synliga tecken på framgång? Och hur kan de se att det kommer att hända?

Abraham: När du har sänt ut din avsikt att få något och söker förväntansfullt efter det, är det redan på väg, och du kan se många tecken på det: Du ser andra som har uppnått något liknande, vilket kan stimulera din önskan; du noterar fler olika aspekter av det på många olika håll; du märker att du ofta tänker på det och känner entusiasm inför det och du upplever en behaglig känsla inför det du vill ha – det är några av tecknen på att det är på väg.

När du förstår att majoriteten av dina kreativa ansträngningar ägnas åt att definiera vad du vill ha och sedan anpassa tankarna till den önskningen, kan du inse att större delen av den kreativa processen äger rum på vibrationsnivå. Därför kan din skapelse vara nästan komplett, till 99 procent komplett, innan du ser några fysiska bevis för den.

Om du kommer ihåg att den positiva känsla du upplever när du ser fram emot din skapelse också är bevis för att den närmar sig, då kan du snabbt och stabilt röra dig i riktning mot de resultat du vill ha.

Kan jag använda segmentföresatser för att samskapa?

Jerry: Abraham, hur kan vi använda Segmentföresatsprocessen för att uppnå gemensamma mål tillsammans med någon annan?

Abraham: Ju bättre jobb du har lagt ner på dina egna segmentföresatser, desto kraftfullare blir tankarna på din önskan – och då blir också kraften hos ditt inflytande starkare. När du sedan har ett utbyte med andra blir det lättare för dem att fånga upp andan i din idé.

Det är också till oerhört stor hjälp att använda Segmentföresatsprocessen för att mana fram det bästa hos andra. Om du förväntar dig av andra att de ska vara ohjälpsamma eller okoncentrerade, då attraherar du de egenskaperna från dem; men om du förväntar dig att de ska vara begåvade och hjälpsamma, attraherar du det från dem. Om du har ägnat lite tid åt att styra dina tankar till ett starkt utgångsläge före ert fysiska möte, får du ett långt mer tillfredsställande samskapande för egen del, och för deras.

Hur kan jag förmedla min avsikt mer exakt?

Jerry: Jag minns att jag, förr i tiden, ganska ofta befann mig i situationer som jag tyckte var betydelsefulla, men efteråt, när jag hade samtalat med den andra personen, tänkte: ”Varför sa jag inte så; Jag borde ha sagt så” eller ”Jag ville säga så, men jag gjorde det inte”. Istället för att känna att jag uträttat något när samtalet var över upplevde jag ofta en känsla av frustration. Hur kunde jag ha undvikit det?

Abraham: Om du tänker på det önskade resultatet redan innan du inleder ett samtal, samlar du på dig energi som hjälper dig att förmedla din åsikt tydligare. Det är också av stort värde att medge att ni, i den här sammanslagningen av tankar, idéer och erfarenheter, har potential att skapa någonting ännu större än ni kan skapa var och en för sig. Genom att förbereda samtalet på så sätt att du har positiva förväntningar på samtalspartnerns bidrag försätter du dig i en situation där du möter hans eller hennes klarhet, styrka och värde. I en sådan skön harmoni blir du själv klartänkt och frammanar klarhet från samtalspartnern, och tillsammans kan ni utföra underbart samskapande.

Jerry: Tänk om den personen inte vill göra andra upprörda eller såra deras känslor, eller förarga dem ifall ämnet för samtalet är kontroversiellt? Alltså, om du samtalar med någon som har motstridiga önskningar, men du ändå kan se att ni kan uppnå mål som är till ömsesidig nytta ifall en potentiell kontrovers kan undvikas, hur kan en sådan situation fungera tillfredsställande för alla inblandade?

Abraham: Genom att du – när du träder in i tidssegmentet – har som föresats att fokusera på de saker ni faktiskt har gemensamt, de punkter hos era intressen som harmonierar; och att ägna ytterst liten uppmärksamhet åt sådant ni inte är överens om och stor uppmärksamhet åt det ni är överens om. Detta är lösningen när det gäller alla relationer. Problemet med de flesta relationer är att ni lyfter fram de småsaker ni inte gillar och sedan ägnar dem större delen av er uppmärksamhet. Med attraktionslagens hjälp kallar ni därför fram mer av det ni inte vill ha.

Kan man nå framgång utan att arbeta för det?

Jerry: Ni har sagt många gånger att vi kan få allt. Låt oss ta en situation med personer som vill nå välstånd och framgång, men som inte vill gå till arbetet eller ens skaffa sig ett jobb. Hur föreslår ni att de löser det dilemmat?

Abraham: Genom att betrakta avsikterna separat. Om de vill uppnå välstånd, men tror att enda vägen till välstånd går genom arbete, då får de aldrig uppleva det om de inte vill ägna sig åt det enda som kan leda dit. Men när de betraktar välstånd eller framgång för sig, utan att para ihop det med arbetet de känner motstånd mot, då kan de attrahera välstånd eller framgång.

Du har tagit upp något mycket viktigt; det är vad vi kallar oförenliga avsikter eller oförenliga uppfattningar. Lösningen är helt enkelt att vända bort blicken från själva konflikten och istället fästa den på essensen av det man vill ha.

Om du vill nå framgång, tror att det kräver hårt arbete och är villig att lägga ner det hårda arbetet, då finns det ingen motsättning och du kan nå viss framgång.

Om du vill nå framgång, tror att det kräver hårt arbete, men vägrar att ägna dig åt sådant, då finns det en motsättning i ditt sätt att tänka och du får inte bara svårt att få till handlingen, utan handlingen du utför blir improduktiv.

Om du vill bli framgångsrik, tycker att du förtjänar det och förväntar dig att du ska bli det bara därför att du vill det, då finns ingen motsättning i ditt sätt att tänka – och framgången kommer. Var uppmärksam på vad du känner när du sänder ut dina tankar, så att du kan sortera bort alla motstridiga tankar. När du sedan har eliminerat motsättningarna beträffande det du vill ha, då måste det komma. Attraktionslagen måste föra det till dig.

När jobben väl kom, kom de i stim!

Jerry: Låt oss säga att vi har en man som inte kunnat hitta något jobb trots många, många månaders vilja och ansträngningar för att få ett. Men så snart han får ett jobb han vill ha strömmar fyra eller fem erbjudanden till in på samma gång, eller kanske inom en veckas tid. Vad beror det på?

Abraham: Anledningen till att det tog så lång tid för arbetstillfället att dyka upp var att han sköt det ifrån sig genom att fokusera på frånvaron av jobb istället för på det han ville, alltså ha ett jobb. När det väl släppte och han fick ett jobb, då låg fokus inte längre på avsaknaden av det – då låg fokus på det han ville ha, så att han nu började få mer av det han banat väg för. I ditt exempel blev hans önskan allt starkare, trots att tron var svag, så med tiden levererade attraktionslagen det som personen kände starkast. Han plågade sig emellertid i onödan genom att inte ta sig tid att rensa upp i sina tankar.

Varför följs adoption så ofta av graviditet?

Jerry: Är det därför det händer att par som inte har lyckats få barn, men som efter många år adopterar ett barn, plötsligt upptäcker att kvinnan är gravid?

Abraham: Javisst, det är precis samma sak.

Hur passar konkurrens in i avsiktsbilden?

Jerry: En annan fråga: Hur passar konkurrens in i bilden?

Abraham: Ur vårt perspektiv finns det, i detta vidsträcka universum där vi alla skapar, inte någon äkta konkurrens, för allting finns i ett sådant överflöd att alla kan bli nöjda. Ni försätter er själva i en konkurrenssituation genom att påstå att det bara finns en högsta vinst. Och det kan ge upphov till visst obehag, för ni vill ju alla vinna. Ingen vill förlora, men uppmärksamheten ligger ofta på förlust snarare än på vinst.

När ni placerar er själva i en konkurrenssituation är den som vinner alltid den som har den tydligaste bilden av vad den vill, och som förväntar sig det mest. Sådan är lagen. Om det ligger något värde i konkurrens är det detta: Den stimulerar viljan.

Skulle det vara en fördel att förbättra viljestyrkan?

Jerry: Finns det något sätt för människor att stärka sin vilja, så att de kan få mer av det de vill ha och mindre av det de inte vill ha?

Abraham: Det kan man säkert uppnå med Segmentföresatsprocessen. Men det handlar inte så mycket om att ”stärka viljan”, som om att tänka tankar som attraktionslagen sedan fyller på. Viljestyrka kan betyda ”beslutsamhet”. Och beslutsamhet kan betyda ”avsiktligt tänkande”. Men allt det där låter jobbigare än det egentligen behöver vara. Tänk bara på det du föredrar, konsekvent under dagen, så tar attraktionslagen hand om resten.

Varför upphör de flesta väsen att uppleva tillväxt?

Jerry: Det förefaller mig som om de flesta människor i vårt samhälle har kommit till slutpunkten i fråga om utveckling och tillväxt redan när de är i 25- till 35-årsåldern. De har skaffat sig huset de vill ha, livsstilen de tänker behålla, jobbet de stannar kvar på, sina övertygelser och politiska och religiösa åsikter och, i många fall, till och med de flesta av de personliga upplevelser de någonsin kommer att få. Har ni någon uppfattning om vad som är orsaken till det?

Abraham: Det handlar inte så mycket om att de har haft alla upplevelser de kommer att få, som att de inte längre attraherar nya upplevelser. I nya upplevelser finns spänning och större begär, men många sänder inte längre medvetet ut sina önskningar utan har mer eller mindre resignerat för det-som-är.

Ger man uppmärksamhet åt det-som-är, attraherar man mer av det. Ger man uppmärksamhet åt det man vill ha, attraherar man förändring. Det uppstår alltså någon sorts belåtenhet, helt enkelt därför att man inte förstår lagarna.

De flesta slutar att sträva medvetet efter expansion, eftersom de inte har förstått universums lagar och därför oavsiktligt sänder ut motstridiga tankar, som inte leder till de resultat de vill ha. När din tro på vad du kan åstadkomma motsäger din önskan om vad du skulle vilja åstadkomma ger inte ens hårt arbete några bra resultat, och med tiden tröttnar du.

Genom att bli uppmärksamt medveten om universums lagar och sedan varsamt styra tankarna mot det du skulle föredra, börjar du genast producera positiva resultat.

Jerry: Låt oss säga att en person har nått en viss punkt i livet där han eller hon befinner sig i en nedåtgående, eller negativ, spiral. Hur kan den personen använda segmentföresatser för att få spiralen att vända uppåt igen?

Abraham: Nuet är kraftfullt. Faktum är att all din kraft finns just här, just nu. Om du därför kan fokusera på var du för tillfället befinner dig och stanna upp för att tänka på vad du helst vill ha ut av just det här tidssegmentet, kommer du att kunna se klarare. Du kan inte reda ut allt du vill beträffande varje ämne just nu, men du kan, just nu, definiera vad du skulle föredra att få ut av det som ligger närmast framför dig. När du gör det finner du ny klarhet i segment efter segment – och din nedåtgående spiral vänder uppåt.

Hur undviker vi att påverkas av gamla uppfattningar och vanor?

Jerry: Abraham, de flesta av oss tycks ha svårt att bli kvitt gamla idéer, uppfattningar och vanor. Skulle ni kunna ge oss en affirmation som kan hjälpa oss att undvika påverkan från tidigare erfarenheter och uppfattningar?

Abraham: Jag är kraftfull i mitt nu. Vi uppmuntrar er inte att förkasta alla gamla idéer, för om ni försöker göra er av med dem tänker ni i själva verket ännu mer på dem. Och en del av era gamla idéer kan vara värda att behålla. Var bara mer medvetna om hur ni styr era tankar och bestäm er för att ni vill uppleva positiva känslor. Idag är det min dominerande avsikt att se det jag vill se, oavsett vart jag går och vad jag gör. Ingenting är viktigare än att jag mår bra.

Jerry: Om människor bevittnar negativa besked som sänds ut i media, eller kanske lyssnar till någon vän som berättar om sina problem, hur kan de förhindra att negativiteten når dem?

Abraham: Genom att lyfta fram sin föresats att, i varje segment av sin erfarenhet, se det de vill se. Och då kan de hitta något de vill se även i de mest negativa presentationer.

Är det någonsin riktigt att tala om något oönskat?

Jerry: Är det någonsin riktigt av oss att tala om något som vi inte vill ha?

Abraham: Genom att formulera vad man inte vill ha kan man ibland få en klarare bild av vad man vill ha. Men det är klokt att snabbt lämna tankarna på det man inte vill och gå vidare till att tänka på det man vill.

Ligger det något värde i att utforska sina negativa tankar?

Jerry: Abraham, ser ni något värde i att försöka identifiera vilken specifik tanke som har gett upphov till en negativ känsla?

Abraham: Det kan vara värdefullt av en anledning: Det viktigaste när du upptäcker att du tänker en negativ tanke är att, på alla sätt du kan, sluta upp med att tänka den. Om du bär på en övertygelse som är mycket stark kan du finna att den negativa tanken kommer tillbaka, om och om och om igen. Alltså måste du ständigt styra bort dina tankar från den till någonting annat. I sådana fall är det bra att lära sig känna igen besvärliga tankar och modifiera dem genom att se dem ur ett nytt perspektiv. Med andra ord behöver du omforma den motstridiga övertygelsen till en som är mindre motstridig. Då slutar den att hemsöka dig.

Hur gör jag när andra ser mina önskningar som orealistiska?

Jerry: Om någon som vet vad jag vill åstadkomma (och det är något som är långt utöver det vanliga) säger till mig att mina önskningar är ”orealistiska”, hur kan jag undvika att påverkas av det?

Abraham: Du kan undvika att påverkas av andra genom att, redan före samtalet med dem, ha tänkt igenom vad som är viktigt för dig. Segmentföresatser är till mycket stor hjälp här. När andra envisas med att du ska se "verkligheten", påverkar de dig att slå rot där du befinner dig, ungefär som ett träd. Så länge du bara ser det-som-är kan du inte växa bortom det. Du måste tillåtas se det du vill se om du någonsin ska kunna attrahera det. Uppmärksamhet på det-som-är skapar bara mer av det-som-är.

Hur är det möjligt att "Få allt på 60 dagar"?

Jerry: I stora drag har ni sagt att vi, på 60 dagar, kan få allting som vi vill ha det i vårt liv. Hur föreslår ni att vi ska gå tillväga för att åstadkomma det?

Abraham: För det första måste ni medge att allt det ni nu upplever är ett resultat av de tankar ni har sänt ut i det förflutna. De tankarna har bokstavligt talat bjudit in, eller bäddat för, omständigheterna ni nu befinner er i. När du idag tänker på framtiden och ser dig själv som du vill vara, börjar du alltså frammana just sådana framtida händelser och omständigheter.

När du tänker på din framtid – det kan vara din framtid om tio år, om fem år eller om sextio dagar – börjar du bokstavligen att förbereda den. När du sedan kommer till de förberedda stunderna och framtiden blir ditt nu, finjusterar du den genom att säga: Nu vill jag det här. Och alla de tankar som du har sänt ut om din framtid, ända ner till stunden då du avser att företa en viss handling, pusslas ihop till exakt det du vill uppleva.

Det är alltså en enkel process att dag för dag notera att det finns många olika segment. Och att du, när du är på väg in i ett nytt segment, behöver stanna upp och identifiera vad som är viktigast för dig så att du, med hjälp av attraktionslagen, kan attrahera det som du vill ta i beaktande. Ju mer du tänker på något, desto klarare ser du och ju klarare du ser, desto fler positiva känslor upplever du och desto mer kraft samlar du på dig. Den här processen med successiva föresatser är alltså nyckeln till snabbt och avsiktligt skapande.

Vi har haft stor glädje av samtalet med er om det här ytterst viktiga ämnet. Det finns storslagen kärlek här till er.

Nu förstår ni

Nu när ni förstår reglerna för det fantastiska spel ni spelar, det eviga livet, är ni förutbestämda att få ett underbart liv, för nu har ni kreativ kontroll över er egen fysiska erfarenhet.

Nu när ni förstår den mäktiga attraktionslagen behöver ni inte längre missförstå anledningen till att ni själva, eller andra som ni iakttar, upplever det ni upplever. När ni tränar och blir skickligare på att styra era egna tankar mot sådant ni vill ha kan er förståelse för läran om det avsiktliga skapandet föra er dit ni vill komma.

Segment för segment banar ni väg för era livserfarenheter och sänder ut kraftfulla tankar mot framtiden för att förbereda den inför er glädjefyllda ankomst. Och genom att vara uppmärksamma på era känslor lär ni er att styra era tankar så att de finner harmoni med ert inre väsen och ert sanna jag, och då blir ni de tillåtare ni föddes att bli – förutbestämda till ett liv av förverkligande och aldrig sinande lycka.

Vi har njutit oerhört mycket av detta utbyte.

Och, för tillfället, är vi färdiga.

Abraham

Om författarna

Entusiastiska över de tydliga och användbara budskap de tolkat från de väsen som kallar sig Abraham, började **Esther** och **Jerry Hicks** att förmedla sina fantastiska Abraham-upplevelser till en handfull nära affärskontakter år 1986.

Då Jerry och Esther märkte de praktiska resultaten – både för egen del och för dem som ställde meningsfulla frågor beträffande ekonomi, fysiska tillstånd och relationer och sedan framgångsrikt tillämpade Abrahams svar på sin egen situation – fattade de beslutet att låta Abrahams läror bli tillgängliga för en allt vidare krets människor som sökte efter svaret på hur man lever ett bättre liv.

Med sitt konferenscenter i San Antonio, Texas, som bas har Jerry och Esther sedan 1989 rest runt till ungefär 50 städer per år för att presentera sitt interaktiva seminarium *Art of Allowing* för de framsynta som har samlats för att delta i det progressiva tankeflödet. Trots att denna välbefinnandets filosofi har fått världsomspännande uppmärksamhet av framstående tänkare och lärare som, i sin tur, har införlivat många av Abrahams koncept i sina böcker, manus, föreläsningar och dylikt, har materialet först och främst spridits från person till person – då enskilda individer börjat upptäcka värdet av denna form av praktisk andlig tillämpning i sitt eget liv.

Abraham – en grupp uppenbart högtstående icke-fysiska lärare – förmedlar sitt mer omfattande perspektiv genom Esther Hicks. Då de talar till vår nivå av förståelse med en rad kärleksfulla, tillåtande, lysande men ändå lättbegripliga studier i text och ljud – lotsar de oss till en ren förbindelse med vårt kärleksfulla inre väsen, och till upplyftande makt och inflytande över vårt totala jag.

Paret Hicks har publicerat mer än 700 böcker, kassetter, cd-skivor, videofilmer och dvd-skivor om Abraham ... och de kan kontaktas genom sin omfattande interaktiva hemsida www.abraham-hicks.com eller brevledes till Abraham-Hicks Publications, P.O. Box 690070, San Antonio, TX 78269.